大阪府立大冠高校野球部監督
東山宏司

大阪で打ち勝つ!
超強力打線の作り方

竹書房

はじめに　絶対王者・大阪桐蔭を追い詰めた2017年の夏

昨年（2017年）夏の大阪府予選。私が監督を務める大阪府立大冠高校は、決勝戦であの大阪桐蔭高校と対戦しました。

悲願の甲子園出場まであと一勝。私たちの目の前には日本最強といっていい大阪桐蔭が立ちはだかっていましたが、大冠にも勢いがありました。私たちは3回戦でその春の近畿大会準優勝校である東海大仰星を8－4で退け、5回戦は3年前の優勝校、大阪偕星学園を3－2で撃破。準決勝では古豪・上宮を相手に、エースの丸山惇が1失点完投の3－1で勝利しました。

大冠で監督を務めて20年。私にとっても、大冠にとっても、主要大会における「初めての決勝戦進出」でした。

そして迎えた決勝戦。準決勝まで勢いで勝ち上がってきた選手たちに、緊張はありませんでした。むしろ、「俺たちは大阪桐蔭と決勝戦で戦っているんだ」ということを、選手たちは楽しんでいるようにすら感じました。

試合は2回裏、大阪桐蔭に1点を先制されましたが、選手たちに焦りはありませんでした。3回表に犠打を挟む5連打で相手エースの徳山壮磨投手から4点を挙げ、すぐさま逆転に成功したのです。

実は、徳山投手を開始早々に攻略できたのには理由があります。決勝前日の準決勝の際、私たちは大阪桐蔭対履正社の試合を控え室から見ていました。その時、大冠の選手たちは徳山投手を見て「ストレートの伸びがいい」「でもスライダーのキレはそれほどでもないし、結構甘いところに来ている」と感じていました。

そこで私は決勝戦の前、選手たちに「スライダーを狙っていこう。多少ボールでもいいから打っていきなさい」と指示を出しました。

3回表の逆転劇はこの「前日の予習」が功を奏したわけですが、相手は百戦錬磨の大阪桐蔭です。私自身、この逆転シーンを見て「これなら今日はいけるんじゃないか」と感じていましたが、さすが徳山投手は4回以降、ピッチングの組み立てを変えるなどして対応してきました。

結局その後、大冠打線は徳山投手を打ちあぐねて4得点のまま。一方の大阪桐蔭は小刻みに得点を重ね、6回裏に4－5と逆転されてしまいました。しかも大阪桐蔭の攻撃はそれに止まらず、8回裏にはダメ押しともいえる一挙5得点。私たちは残り1イニングの状況で、4－10と突き放されてしまったのです。

9回表、私は攻撃に入る選手たちに「ゲームセットまで何が起こるかわからない。だから絶対に諦めるな。ひっくり返せ！」と檄を飛ばしました。

すると、選手たちは6点のビハインドをものともせず、一・二・三番の連打、さらに主将・猪原隆雅の2点タイムリーなども飛び出し、8－10の2点差に迫りました。

王者・大阪桐蔭に対して、公立高校が最終回の土壇場で驚異的な追い上げを見せたことで、この時のスタジアムの雰囲気はまさに大冠一色。大阪予選ではいつもホームのような感覚で戦ってきた大阪桐蔭にとっても、これは経験したことのない異様な雰囲気だったと思います。楽勝のはずが大接戦となり、大阪桐蔭のエース・徳山投手は明らかに動揺していました。

そんな中、今でもよく覚えているのが、ファーストの中川卓也選手（現・大阪桐蔭主将）が2年生ながら周囲に的確な指示を出していたことです。

彼は2018年春のセンバツで日本一になった際も、甲子園のすべての試合で見事なキャプテンシーを発揮していました。大阪桐蔭は単に優秀な〝個〟を集めるだけでなく、その〝個〟を〝チーム〟として機能させる術に長けているからこそ、絶対的な王者として君臨し続けることができているのでしょう。私たちは彼らをギリギリまで追い詰めましたが、切羽詰まった状況での中川選手の冷静さは、改めて大阪桐蔭の強さを思い知らされた瞬間でもありました。

大阪桐蔭の15安打に対して、大冠は13安打。私たちは大阪桐蔭と互角の打ち合いを演じたものの、残念ながら追い上げもここまで。大冠は8－10で敗れ、悲願の甲子園出場を成し遂げることはできませんでした。

みなさんご存じのように、大阪桐蔭には「日本一になるため」に全国から集まった〝超高校級〟の選手が揃っています。

一方の本校は特待制度もスポーツ科も何もない、ごく普通の公立（府立）校です。でも、私たちは〝絶対王者〟の大阪桐蔭を「あと一歩」のところまで追い詰めることができました。いや、私の采配次第では勝てたはずだと確信しています。私の采配ミスで、大冠は1990年の渋谷高校以来となる公立校の甲子園出場を逃したのです。一生懸命戦ってくれた選手たちには、詫びる言葉もありません。

試合後、選手たちは「やりきった」というような晴れ晴れとした表情をしていましたが、私は悔しくて悔しくてしょうがなかった。大阪桐蔭をあそこまで追い詰めたのですから、勝たなくては……。

私の中には、未だに痛恨の念が深く残っています。ただ、その一方で「私の目指す野球がようやく形になってきた」ことも実感しています。決勝まで進んだこの大会で、大冠は8試合で計99安打、63得点を挙げました。

私の目指す野球、それはずばり「打ち勝つ野球」です。

そして本書には、私が30年以上かけて築き上げてきたバッティング理論や練習方法を包み隠さず記させていただきました。

私がなぜ「打ち勝つ野球」を目指すようになったのか？

大阪桐蔭や履正社といった強豪私学と互角に渡り合う打力を付けるために、普段から私がどんな指導をし、選手たちはどんな練習をしているのか？

本書を読めば、そのすべてがおわかりいただけるはずです。

大阪で打ち勝つ！
超強力打線の作り方

目次

序章　激戦区・大阪高校野球の現状と、大冠の「打ち勝つ野球」が生まれるまで

第1章 強豪私学を撃破する最強の打撃理論
大冠の「打ち勝つ野球」の全貌とは

第2章

大冠・東山流、超強力打線の作り方

数十種類のスイング練習で強打を育む

第3章

常識に囚われない戦略

柔軟な発想と指導法が強さを生む

第4章 打ち勝つためのトレーニング

終章　全国一レベルの高い地域で大阪桐蔭に打ち勝ち、甲子園出場を果たす！

序章

激戦区・大阪高校野球の現状と、大冠の「打ち勝つ野球」が生まれるまで

大冠高校と野球部の歴史

大冠高校は、私の母校でもある大阪府立島上高校の分校「島上大冠高校」として１９８６年に開校しました。その後、１９９５年に「大冠高校」として独立し現在に至っています。独立する以前、野球部は１９８９年と１９９２年の夏に5回戦まで進んだことがありますが、大抵が２・３回戦に進出して敗退という戦いを繰り返していました。

私は日体大卒業後、府立北淀高校や港高校で硬式野球部の監督を務め、１９９７年（平成９年）に大冠高校に保健体育の教諭として赴任し、野球部の監督に就任しました。以来、大冠で指揮を執るようになって20年以上が経ちました。公立の同じ学校で20年以上も同じ部を指導するのは極めて稀なことですが、実は橋下徹知事の時代に、大阪の高校では「指導教諭」というポジションが定められ、私はこの試験に合格しました。その時点で私の大冠勤務は13年になっていましたが、そこから新たな採用として着任期間が一旦リセットされたため、大冠での20年を超える長期の指導が実現しているというわけです。

本校野球部は、近年では２０１４年の春の大会で大商大堺、上宮太子、ＰＬ学園といった強豪私学をすべて1点差で下し、大阪で3位となりました。また、２０１５年の夏の大会でも、優勝した大阪偕星学園に準決勝で敗れましたがベスト4入りを果たすなど、着実に力を付けてきており、「はじめに」でもお話しした2017年の夏の大会では、甲子園まであと一歩というところまで上り詰めました。

大冠の選手はほとんどが軟式野球出身

近年の大冠高校の活躍もあって、野球部には「強豪私学を倒してやる」という強い気持ちを持って入学してくる選手が多いです。

例えば中学時代、地域のボーイズやシニアチームで補欠だった子でも、「レギュラーだったチームメートがいる私学に勝ってやる」という強い気持ちで、野球に取り組んでくれています。

ただ、割合的にいえば、大冠野球部のほとんどは地元中学の軟式野球部出身者で構成されています。ボーイズやシニアといった硬式出身の選手は1割程度（1学年に3～4人程度）。ちなみに2017年夏、準優勝した時のベンチ入りメンバー20人のうち、硬式出身者は4人だけでした。でも、そういった選手たちでも弛《たゆ》まぬ努力を続けることで、強豪私学と互角に戦えるようになるのです。

私も近隣の中学の野球部を巡り、選手たちを見て回っています。しかし、「この選手はいいな」と思う選手は私学に行ってしまうことが多く、「公立に行きます」という選手であってもその多くは、スポーツ科のある汎愛や桜宮を選択します。

大冠は、強豪私学やスポーツ科のある公立に比べれば、野球をする環境は劣ります。しかし、そんな環境であっても近年、「大冠で野球がしたい」「大冠に入って私学を倒したい」と思ってくれる選手が入ってきてくれています。これは、本当にありがたいことです。

私の指導に触れたからなのか、卒業後に「野球の指導者になりたい」と思ってくれる選手も多く、体育大学などに進学する選手が近年増加しています。ちなみに2017年の準優勝メンバーでは一・二・四・五・八番バッターが体育の先生、六番が社会の先生を目指し、大学に進学しました。

勝ち上がっていくには投手力も必要

勝ち上がっていくために、私は「打ち勝つ野球」を目指すようになりましたが、やはり常勝チームを目指すにはそれなりの「投手力」も整備しなければなりません。

よく「ピッチャーを育てることは難しいですか?」と聞かれることがありますが、私は

「ピッチャーはいい素材の選手さえいれば、育てるのはバッターよりも簡単」だと考えています。

さて、厳しい大阪予選を勝ち上がっていくためには、「5人の特色のあるピッチャー」が必要です。5~6イニングを投げ、しっかりゲームを作ることのできる先発（できれば右と左をひとりずつ）と、その後ろはワンポイントでもいけるような個性的なピッチャーを3~4人、これが私の理想とする「投手陣」です。

ワンポイントでもいけるピッチャーには、サイドスローやアンダースローなどの変則ピッチャーをよく入れます。小刻みな継投を成功させるためにはやはり「決め球」が必要ですから、私はその選手に合った変化球（チェンジアップやスライダー、サイドスローならスクリューなど）を教えるようにしています。

ピッチャーとは逆に、バッターはひとりだけ育ってもしょうがありません。「打」が「線」にならなければ、そのチームの恒常的な得点力は望めないからです。そんなことから、大冠では「繋ぐ」が合言葉になっています。ヒットだけでなく、バント、エンドラン、四球もすべて「繋ぐ」ための一手です。クリーンアップだけ打力が優れていても、それでは勝てるチームは作れないのです。

大阪高校野球の現状と大阪桐蔭の強さの秘密

かつて、1960~70年代の大阪は、日本一の経験のある浪商（現・大体大浪商）を筆頭に、明星、興国、PL学園、近大付、北陽（現・関大北陽）、大鉄（現・阪南大）が「私学七強」と呼ばれていました。そしてそこから頭ひとつ抜け出し、80年代に黄金期を作り上げたのがPL学園です。

大阪は全国屈指の「激戦区」として知られていますが、大阪の代表校が夏の甲子園を制したことは過去12度あり、2位の愛知の8度を大きく引き離しています。こういったところを見ても、大阪がいかにレベルの高い地区であるかわかっていただけると思います。

PL学園が全盛を迎える中、大阪桐蔭や履正社などの新たな「強豪校」が現れたことで、先述した「私学七強」の壁が徐々に崩れ始めました。

現在は、かつてのPL学園のように大阪桐蔭が全盛期を迎えていますが、この大阪桐蔭と履正社が「二強」といっていいと思います。それに続くのが大体大浪商、近大付、大阪偕星。さらに金光大阪、東海大仰星、関大北陽なども常に上位進出を果たす強豪校です。

大冠と同じく、公立の雄として活躍しているのが汎愛と桜宮です。汎愛、桜宮ともにスポーツ科を併設しているため、毎年私学に負けない優秀な成績を収めています。

2017年夏、私たちが大阪予選の決勝で戦った大阪桐蔭は、大阪の野球のみならず、日本の高校野球を牽引する存在であるのはみなさんご存じの通りです。大阪桐蔭とは、昔から練習試合をよくさせていただいており、その強さは十分に知っているつもりでした。しかし、昨年の公式戦、しかも夏の大会の決勝戦で相まみえたことで、その強さを改めて肌で実感しました。

大阪桐蔭の強さとしてまず挙げられるのは、全国一といっていい「個々の選手の能力の高さ」です。レベルの高い環境の中で激しいレギュラー争いをすることで、個々の能力はさらに磨かれます。その上、大阪桐蔭の選手たちは一人ひとりが「考える野球」を実践しています。観察力、洞察力に優れ、状況判断も的確で素早い。私たちのような公立高校は、大阪桐蔭と対戦するとその打力を警戒するあまり、守備位置が後ろになりがちです。そうすると大阪桐蔭はそれを逆手に取り、シングルヒットを二塁打にする走塁をしてきます。レベルが高い中で日々鍛錬していると、選手たちの考える力や自主性がどんどんと育まれていくのでしょう。

2018年春のセンバツでは、大阪桐蔭の根尾昂選手がピッチャーに内野手に、バッターにと大活躍しました。彼は身体能力が高く、しかも頭がいい。勉強ができるだけでなく、

「野球脳」もとても優れています。さらに、野手をしている最中に突然マウンドに上がり、あれだけのボールが放れるのもすごいことだと思います。走攻守の三拍子だけでなく、四拍子も五拍子も揃っている。それが根尾選手なのです。

ちなみに、かつてPL学園が全盛を迎えていた頃、勧誘する中学生選手は「三拍子の揃った投手」だったといいます。要するに各地域に存在する「エースで四番」の選手を集め、その選手たちを改めていろんなポジションに振り分けていたわけです。

以前の大阪には「体の大きな、パワーのある選手ばかりのチーム」や「当たればホームランの強打のチーム」といった特色ある名門チームがいくつか存在していました。

しかしながら、体が大きいだけだったり、あるいは「当たればホームランだけど、三振も多い」というチームでは、全国随一の激戦区である大阪を勝ち上がっていくのは困難だと言わざるを得ません。全盛期だった頃のPL学園、あるいは今の大阪桐蔭を見ていると、強いチームを作るためには、走攻守投のバランスをうまく取っていくのが最善の方法であるように思います。

しかし、私学のように選手集めのできない公立校には、そのようなやり方は真似できません。そこで私は「公立校として超激戦区の大阪で勝ち上がっていくにはどうしたらいいか？」を考え、その結果「打ち勝つ野球」を目指すようになったのです。

大阪で公立が勝ち上がることの難しさ

港高校で監督を務めていた1985年、秋の新人戦でPL学園と当たったことがあります。KKコンビの次の代ですから、立浪和義選手（元・中日ドラゴンズ）や野村弘樹投手（元・横浜ベイスターズ）が1年生ながら活躍し、注目されていました。

私たちは「当たって砕けろ」の精神で臨みましたが、「肩がめっぽう強い」という理由だけで急遽先発に指名した選手（本来のポジションはキャッチャーでした）がトップバッターにいきなりデッドボールを与えるなど、大乱調で6回コールド負けを喫しました。

そのPL戦から17年後の2002年、夏の大会の4回戦で私は大冠の監督として、再びPLと対戦しました。この年、大冠には4人のピッチャーがおり、その継投によって「勝利の方程式」ができあがっていました。ところが、肝心のこの4回戦で3人目の投手だった2年生ピッチャーが突如「肩が痛い」と言ってきたため登板を回避。大冠はスクイズで先取点を挙げるなど序盤は優勢でしたが、結局中盤から失速し3－10の7回コールド負けとなってしまいました。

その後も2007年秋、2008年夏と準々決勝まで駒を進めることはできましたが、いずれもそれ以上は上に行くことはできませんでした。

大冠が初めてベスト8の壁を突破できたのは、2014年の春の大会です。この時は準決勝で履正社に負けましたが、3位決定戦でついにあのPL学園に8－7で打ち勝つことができました。

その後も、2015年夏にベスト4、2017年夏に準優勝と、大冠は着実にステップアップを果たしています。

一度負けたら終わりのトーナメントを勝ち抜くには？

私は練習試合などで甲子園常連の強豪校と対戦すると、そこの監督さんたちに「地区予選を勝ち抜く秘訣」をいつも聞いています。するとその中の何人かの監督が「トーナメント戦を勝ち上がっていくために、2回は奇跡が必要です」とおっしゃっていました。

厳しい戦いを勝ち抜いてこそ、頂点に立てるわけですが、そこには多分に「運」も関与しています。近年、大冠も上位進出を果たすようになったことから、私も「2回は奇跡が必要」の意味がわかってきました。

トーナメント戦を勝ち上がっていくと、対戦相手が「何でそんなプレーを？」というようなミス、あるいはエラーをしてくれることがあります。また、勝ち上がって勢いがつくと、不思議と私の采配も何をやっても当たるようになります。ワンポイントのリリーフや「ここぞ」という時の代打などがばっちりはまるのです。

私はカウント2－2とバッターを追い込んでから、ワンポイントでピッチャーを代えることが度々あります。相手チームにとっては「奇策」に映るでしょうが、大冠では普段からこのような起用法をよく用いているので選手たちに戸惑いはありません。むしろ、選手自身が試合の流れを感じるようになり、そのような状況になると「あ、監督、俺を使うんじゃないか」と予期してくれるようになります。そして、こういったワンポイントの起用も勝ち上がっている時には、不思議と外れることがありません。

相手チームの「策」を知ることももちろん大切ですから、「偵察」にも行くようにしています（可能な限り私自身が行くようにしています）。偵察時には試合の様子をビデオ撮影し、それを学校に持って帰ってコンピュータールームで選手たちに見せながら対策を練ります。この偵察があったおかげで勝てた試合がいくつもあります。

ピッチャーの球筋、配球を分析したり、バッターの傾向を見極めたり、そういった情報を事前にインプットしてから戦うのと、情報がないのとでは雲泥の差があります。高校野球に携わるようになってから30年が経ちますが、「野球は緻密なスポーツである」という思いを、年を重ねるごとに深くしています。

「繊細な部分を持ちつつ、戦う時は大胆に」
一度負けたら終わりのトーナメントを勝ち抜くには、そういった気構えや事前の準備が必要なのです。

第100回記念大会で南北に分かれる大阪予選はどうなる?

今年の夏の高校野球は「第100回記念」ということで、例年2校の代表が出場する東京と北海道に加え、特別に埼玉、神奈川、千葉、愛知、大阪、兵庫、福岡が2代表制となります。この7府県はいずれも初戦から7、8回勝たなければ優勝できないという、参加校数が非常に多い府県です。

我が校はこの100回記念大会の大阪予選で「北地区」に入りました。南北に分かれれば単純に考えてチーム数が半分になりますから、「優勝できる確率が結構上がるのでは?」とみなさん思われるかもしれませんが、トーナメント戦の場合、チーム数が半分になっても優勝するには試合がひとつ減るだけです。

そういったわけで、南北に分かれたとしても優勝するには7回勝たなければならず、公立校が大阪を勝ち抜くのは、相変わらず至難の業であると言わざるを得ないのです。

夢叶え甲子園
全力疾走 全力発声

さてその北地区ですが、２０１７年春のセンバツで史上初となる大阪勢同士の決勝戦で相まみえた大阪桐蔭と履正社を筆頭に、全92校で争われます。

２０１８年のセンバツで春連覇を成し遂げた大阪桐蔭が頭ひとつ抜けた存在であるのは誰もが認めるところでしょう。そして、その大阪桐蔭を追うのが履正社。さらに関大北陽、東海大仰星、金光大阪といった強豪私学がそれに続く形です。近年、いいピッチャーを毎年擁している箕面学園も勝ち上がる可能性が非常に高いチームだと思います。

こういった強豪私学に対して、桜宮、汎愛、そして私たち大冠といった公立勢がいかに戦っていくか。他の都道府県であれば、春の大会の結果によってシード校が振り分けられたりしていますが、大阪予選には昔からシード制がありません。それだけに番狂わせも度々起こっていますから、本校も昨年の夏のように台風の目となって勝ち上がっていきたいと考えています。

ちなみに、もう一方の南地区は97校が振り分けられ、２０１７年秋の大会で近畿８強入りした近大付のほか、２０１５年夏に優勝した大阪偕星、さらに興國や上宮太子、大体大浪商、大商大堺などの強豪私学が入っています。加えて公立で体育科のある大塚、同じく公立の岸和田産業などもいてまさに群雄割拠。南地区はどこが出てきてもおかしくない混戦になると予想しています。

大冠は守備も徹底してやっている

夏の大会の決勝戦で大阪桐蔭と壮絶な打撃戦を演じたことで、大冠は新聞やネットニュースなどのメディアに取り上げられる機会がとても増えました。そんな中で、情報として多く取り扱われたのが、大冠の強打の礎ともなっている「バットを一日に2000本振る」という練習方法です（この練習に関しては第1章、2章で詳しくご説明します）。

「一日2000本」の話が独り歩きをして「大冠は打撃の練習しかしていない」と思われがちですが、当然のことながら守備練習もきちんとやっています。とくに新入部員が入ってきた4月は1年生を中心に、守備の基本練習を徹底して行います。

守備の際、グラブの動きは「下から上」が基本です。しかし、軟式上がりの選手たちは「上から下」にグラブが動く選手が多いので、最初はまず、基本中の基本である「グラブは下から上」の動きを覚えさせるために、緩いゴロをコロコロと転がしてグラブで捕る反復練習を徹底して行います。

正面のゴロだけでなく、シングルキャッチにしろ、逆シングルにしろ、グラブの動きは「下から上」が基本です。それをグラウンドの脇で何度も何度も繰り返し練習をさせ、基本の動きを体に覚え込ませるのです。

何事も基本がちゃんとできていなければ、実際に練習をしても「間違った動き」を覚えてしまうことになりますから意味がありません。そんなことから、大冠では実際にノックを受けられるのは、「グラブは下から上」の動きがしっかりとできるようになってからにしています。

私が見た大阪の怪物たち

大阪の高校野球といったら、「KKコンビ」を抜きには語れません。もちろん私もPL学園で活躍するふたりのプレーを見たことがありますが、印象に残っているのは清原和博選手より桑田真澄選手のほうです。ピッチングはもちろんですが守備のフィールディング、シュアなバッティングともに抜群で「三拍子揃った選手というのは、こういう選手のことなんだな」と感心しました。

しかし、そんなKKコンビより、あるいは圧倒的なパワーで恐れられた大阪桐蔭時代の中田翔選手（現・北海道日本ハムファイターズ）より何より、私の今までの監督生活の中で一番印象に残っている〝怪物〟は、現在オリックス・バファローズで活躍しているT－

岡田選手です。

箕面に住んでいた彼は、地元のボーイズリーグから履正社に進学。強豪の履正社で1年生の時から四番を務める逸材でした。

当時、大冠には140キロ台のストレートを投げるエースピッチャーがいました。岡田選手が3年の春、私たちは履正社と練習試合を行い、私はもちろんエースを先発に立てました。今でもよく覚えていますが、この練習試合を履正社の岡田龍生監督に電話で申し込んだ際（岡田監督とは日体大野球部の同期なので、気軽に連絡できるのです）、岡田監督は私に「練習試合はええけど、岡田を敬遠するのだけはやめてくれ。全部勝負してくれんと、あいつの練習にならんから」と言ってきました。

岡田監督に「何でや？ どないしたん？」と理由を尋ねると、岡田選手の評判が全国に知れ渡ってしまい、どのチームと練習試合をしてもまともに勝負してくれず、そのせいで岡田は悪球にも手を出すようになり、バッティングの調子を崩しかけていると教えてくれました。

もちろん、こちらも「超高校級」のスラッガーと対戦できるのですから、岡田選手が出てきてくれるなら真っ向勝負は望むところです。私は岡田監督に「もちろん、全打席勝負するよ」と言って、電話を切りました。

度胆を抜かれたT－岡田の2打席連続本塁打

そして迎えた練習試合。私はバッテリーに「岡田には変化球でカウントを稼ぎ、アウトコースのストレートで勝負に行け」と指示を出しました。うちのエースが投じる140キロ台のストレートがアウトコースに決まれば、いくら「超高校級」の岡田選手といえども、多少は打ちあぐねてくれるだろうと私は推測していました。

迎えた第一打席。うちのバッテリーは指示通り、変化球で岡田選手を2ストライクに追い込み、決め球のストレートをアウトコースに投じました。アウトコースぎりぎりのいいボールでした。スピードガンの計測では、143キロ出ていたと記憶しています。

しかし、うちのエースが投じた渾身のその一球を、岡田選手はこともなげに真芯で捉え、打球はライナーで左中間の柵を越えていきました。その回が終わり、バッテリーが「次はどうしたらいいですか？」と聞いてきます。「さっきは縦のスライダーを見逃しとったから、今度はあれを決め球に使ってみい」と私は指示しました。

岡田選手の第2打席。うちのバッテリーが指示通り、縦のスライダーをアウトコースに投じます。「カン！」という一際甲高い打球音が場内に響き渡り、打球はものすごい速さのライナーでレフト線沿いに飛んでいき、そのまま柵の向こうに消えていきました。

「なんじゃ、こいつは……」

2打席連続ホームラン。しかも、ともに左バッターの逆方向、なおかつ低い弾道のライナーで柵越えです。私は度肝を抜かれました。

バッテリーが再び私に「次はどうしたらいいですか?」と聞いてきます。私は「次はもうインコースしかないやろ」となかば投げやりに指示を出すと、岡田選手はそのインコースのストレートを苦にもせず、ライトオーバーの二塁打にしてしまいました。ここまでやられると、もう笑うしかありません。

履正社の岡田監督とは仲がいいので、昔からよく練習試合をさせてもらっています。現在、ヤクルトスワローズで大活躍している山田哲人選手とももちろん対戦しました。山田選手には「守備がうまいな」とは感じましたが、バッティング面で岡田選手ほどの強烈な印象は残っていません。

その他にも大阪桐蔭の中田翔選手とも練習試合をし、ホームラン2本を打たれたこともあります。現在、西武ライオンズで活躍中の森友哉選手には公式戦で対戦し、ホームランを打たれました。中田選手、森選手ともに、その打球の速さは高校生とは思えないものでしたが、私の中で一番強烈な印象として残っているのは、やはりT‐岡田選手の「逆方向への弾丸ライナーのホームラン」なのです。

女子プロ野球選手だった母から英才教育

次章から私の「打撃理論」を具体的に説明していきますが、その前になぜ私が、寝ても覚めても野球のことしか考えていない、ここまでの「野球バカ」となったのか、その生い立ちを簡単にお話ししておこうと思います。

実は、私の母はかつて存在した「女子プロ野球」の選手でした。女子プロ野球は1950〜51年の2シーズンだけ活動した国内女子プロ野球リーグで（1952年からはノンプロに移行）、プロ野球の前座として試合などを行っていました。母は女学校でハンドボールをプレーしていましたが、優秀な選手だった（当時は肩が人一倍強かったようです）ため、女子プロ野球が立ち上がるということでスカウトされ、東京の「京浜ジャイアンツ」というチームに入団しました。

その母の好きな言葉が「初志貫徹」。私が日本体育大学に進学する際には、真っ白な硬球に「初志貫徹」と書いて私に送ってくれました。日体大野球部は練習が厳しいことで有名でしたから、「逃げて大阪に帰りたい」と何度思ったことか……。でも、その度に母の記した「初志貫徹」という言葉を見て思い止まりました。そんなこともあって、私にとってこの言葉が座右の銘となりました。

母の父（私の祖父）は阪神タイガースの私設応援団で大の野球好き。そして母もプロ野球選手ということで、私は物心がついた時にはグローブとボールを持って遊び、ことあるごとに祖父に甲子園の阪神戦に連れていかれました。当時、阪神で活躍していたのは村山実やバッキー、田淵幸一、カークランドなど。（そんな私ですが熱狂的な阪神ファンではありません。子供の頃はむしろ広島カープファンでした）。

私が子供だった頃の大阪は、阪神ファンより巨人ファンのほうが圧倒的に多い時代でした（テレビでは巨人戦だけが全国放送されていました）。まわりの友達はみんな巨人のTシャツを着ているのに、私だけ縦ジマの阪神のTシャツだったため、とても気まずかったのを今でもよく覚えています。

小学校低学年の頃、友達の野球好きのお父さんの仕切りで即席の少年野球チームを作り、ある大会に出場しました。しかし、私たちは地域最強といわれていた高槻ライオンズというチームと当たってしまい、コールド負けを喫しました。すると私の母は、すぐさまライオンズから入団申し込み用紙をもらってきて「このチームの入団テストを受けてこい」と私に言ったのです。

当時、ライオンズは人気のチームだったので、実技テストに合格しなければ入団できませんでした。しかし、私は幼い頃から祖父と母に野球の英才教育を受けていましたから、テストに難なく合格。次の週から正式に部員として入団しました。それが小学校3年生の時です。その後、私はこの強豪チームに小・中学時代を通じてお世話になり、野球の技術を向上させました。

日体大に進学し、指導者の道へ

高校に進学する際、私は沖縄の豊見城高校に進みたいと思っていました（当時、豊見城高校は甲子園の常連でした）。そのことを母に話すと「何言うとんの？」とけんもほろろに却下され、奈良の強豪である天理高校からの誘いもありましたが、家庭の事情で地元の公立校である島上高校に進学することになり、野球を続けました。

大学進学の際は夢として、「指導者として甲子園を目指したい」という思いが強く、最初は大阪体育大学に進もうと思っていました。そのことを母に話すと「体育の先生っていうたら、〝日体大〟やろ。東京に行け」とまたも鶴の一声。そして私は、日本体育大学に進学することになりました。

日体大時代は本当に思い出すのも嫌なくらいの、ハードな日々を過ごしました。ひとつ上の学年に広島カープに入団した白武佳久さん（ピッチャー。現在はカープのスカウト部長をされています）、ふたつ下に千葉ロッテマリーンズで活躍した園川一美さん（ピッチャー）などがいました。

日体大のネットワークは本当に強大で、今でも練習試合を組む際には大いに活用させていただいています。ちなみに履正社の岡田龍生監督以外にも、かつて東京都立城東高校が甲子園出場を果たした際の有馬信夫監督、兵庫県立川西明峰高校を甲子園初出場に導いた徳山学監督などが日体大で同期。また、甲子園最多勝利数記録（68勝）を持っている智辯和歌山の名将・高嶋仁監督も日体大ＯＢであり、今でも年に一度、練習試合を組んでいただいています。

その他、先輩、後輩での関係を挙げたらそれこそきりがないほどです（強豪ひしめく神奈川で近年、公立校を〝強打〟のチームに育て上げ、優秀な成績を収めている県立相模原高校の佐相眞澄監督は3つ上の先輩です）。

私自身、高校時代は長距離バッターで、毎日素振りは欠かしませんでした。今考えると、私の「素振り野球」はこの頃に始まっていたようです。

日体大を卒業し、高校の教員となり、野球部の監督に就任すると、母は私の高校の試合をよく見に来てくれました。ただ、試合後には必ず采配のダメ出しをされ、それがことごとく「その通り」なので私としても情けないやら、恥ずかしいやら（大阪桐蔭との決勝で敗れた際にもダメ出しをされました）。でもそんな母の英才教育があったおかげで今の私があるわけですから、母に対しては感謝の気持ちしかありません。母は84歳となった今でも、現役の保険外交員として元気に働いています。

ここまで、大冠の歴史や大阪高校野球の現状、さらに私の生い立ちなどを述べさせていただきましたが、次章からはいよいよ、私の「打ち勝つ野球」の真髄ともいえる「理想のバッティング」に関してご説明していきたいと思います。

第1章

強豪私学を撃破する最強の打撃理論

大冠の「打ち勝つ野球」の全貌とは

「打ち勝つ野球」を目指すようになった理由
――ユニフォーム新調で心機一転

かつての私は、公立高校野球部の監督ならば「ベスト8くらいまで行くことができればそれで十分」だと考えていました。

大阪には大阪桐蔭や履正社をはじめ、全国に名を馳せる強豪私学がひしめいています。そんな激戦区の中で生きる公立校の監督として、「優勝なんて夢のまた夢」というような諦めにも似た感覚を持っていました。

昔の私は戦い方も今のように攻撃的ではなく、あくまでも守備がメイン。ロースコアで接戦に持ち込み、相手を焦らせ、終盤でひっくり返して勝つという野球を目指していました。これは偶然かもしれませんが、幸いなことに大冠には毎年、いいピッチャー（もしくはいいピッチャーになりそうな力を持った選手）が入学してきてくれました。言い換えれば、昔の大冠の戦い方はそんな「いいピッチャー」に頼りきっており、練習も守備が中心でバッティングは二の次、三の次でした。

でも、そのようなやり方では、せいぜいベスト8進出がいいところで、それ以上勝ち上がっていくことができません。そして私はある時から「それではあかん」と思うようになり、「打ち勝つ野球」を目指すようになりました。

私自身の野球に対する考え方の大きな転換点となったその「ある時」とは、２００８年の夏の大会です。

この夏の大会は〝第90回〟の記念大会ということで北と南に分けて予選が行われ、大冠は順当に勝ち上がっていきました。「これはいいところまで行けるのでは」という手応えを私は感じていましたが、４回戦の関大北陽に勝利した後の準々決勝で箕面東に０‐３の完封負けを喫してしまいました。

箕面東は私たちと同じ公立高校です。強豪私学の関大北陽に勝った私たちは勢いに乗っていましたから、箕面東にも「絶対に勝てる」と信じていました。しかし、私たちは同じ公立である箕面東に勝てませんでした。ちなみにその箕面東は、次の準決勝で大阪桐蔭と当たり１‐２で惜敗。勝者の大阪桐蔭は決勝で履正社を２‐０で破り、甲子園出場を果たしたのです。

この時、箕面東の監督を務めていたのは、近鉄などで活躍した元プロ野球選手の中村紀洋さんを擁し、１９９０年に府立渋谷高校を甲子園に導いた長谷至康さんでした。当時の長谷監督は主力選手に猛練習を課すことで知られていました。私の夢である「府立校の甲子園出場」を実現した先輩監督です。「何としても勝ちたい」と意気込んで準々決勝に臨みましたが、私の夢はあっけなく潰《つい》えました。

この時の悔しさは今でもよく覚えています。公立の箕面東に打ち負け、その後1ヶ月ほど私は敗戦の原因を考え続け、まともに睡眠を取ることもできませんでした。そのくらい、私には悔しい敗戦だったのです。

強豪私学ではなく、同じ公立校に負けたことで私は目が覚めました。

それまでの自分のやり方では、大阪を制することなどできやしない。「公立校の甲子園出場が夢だ」と公言していましたが、それは建前みたいなもので、「自分は本気で甲子園を目指していなかったんだ」と気付かされました。選手たちには「本気になれ！」といつも言っていたのに、監督である私自身が本気になっていなかったのです。

「選手たちに申し訳ない……」

敗戦後、私の心には悔しさと同時に恥ずかしさが込み上げてきました。

このままでは一生懸命やっている選手たちに申し訳ない。私の考え方、やり方を抜本的に改めていかなければ、またみんなに悔しい思いをさせることになってしまう。そう考えた私は、それまでの守備重視のやり方から一転、バッティング重視の「打ち勝つ野球」を目指すことにしました。

気持ちを切り替え、新たな一歩を踏み出すため、私は大冠のユニフォームを一新することにしました。チームの抜本的な方針転換をする上で、気持ちを新たにするにはユニフォームを変えるのが一番いいと考えました。

「ユニフォームを真っ白にして、また一からスタートだ」

そんな意味を込めて、現在の全身白で統一したユニフォームにしたのです。

打つポイントは「引き付けて打つ」が基本
——理想のフォームは大谷翔平選手

日頃、私が選手たちに教えているバッティングの基本。それは「引き付けて打つ」ということです。

私自身は子供の頃から「前で打て」と指導されて育ってきましたが、幼かったこともあってその意味を深く考えたことはありませんでした。大学を卒業し、高校野球の指導者となってしばらく経った頃、私はとある野球雑誌で「アメリカでは〝ステイバック〟と教えている」という記事を目にしました。

日本では「前で打て、前で打て」と教えられますが、アメリカでは「ステイバック（＝後ろに残せ）」と教わる。ボールが自分の懐に入ってくるまで待ち、十分引き付けたところでボールを叩く。私は「確かにそのほうがボールに力が伝わる。ということは、より強い打球が打てるようになる」と考えを改めました。そしてそれ以降、選手たちには「引き付けて打つ」ことをベースにバッティングを指導しています（実際にそうしてから、選手たちの放つ打球の飛距離が伸びました）。

「前で打つ」という打ち方だと両腕が伸びきり、その状態ではバットで捉えたボールに体の力を伝えることができません。さらに、ポイントを前に置くことによって、変化球などが来た場合に体が前へ突っ込み、泳いだようなバッティングになってしまいます。

打つポイントを自分のへその前に置き、できる限りボールを体に引き付けてから打つ。こうすれば、多少インコースのボールに詰まったとしても、軸が安定している分、外野の前にポトリと落とすことも可能になりますし、変化球にも対応できるので崩されにくくなり、結果として打率の向上にも繋がるのです。

一昔前、私が「理想のバッティング」を説明する際、よく選手たちに「あの打ち方はいい見本」と紹介していたのが、福岡ソフトバンクホークスで活躍していた城島健司選手や小久保裕紀選手のバッティングフォームでした。城島選手にしろ、小久保選手にしろ、現役時代は打つポイントがとても体に近く、右足を軸にしっかりと体を回転させていました。

最近の選手で例を挙げるとすれば、メジャーリーグのロサンゼルス・エンゼルスに移籍し、大活躍している大谷翔平選手が理想のフォームです。

大谷選手が北海道日本ハムファイターズにいた頃、ゲーム前のフリーバッティングをスタンドからちょっと見たことがあります。彼の放った当たりが飛んでいくのはセンターから左中間寄りのあたりばかり。つまり大谷選手は「逆方向」を意識してバッティングを行っていたわけですが、「引き付けて打つ」ことを実践しながら、自分のポイントを確認しているのがよくわかりました。

また、彼は体の使い方がとても柔らかく、スイングもとてもしなやかでした。バッティングの際の体重移動も、前足をドーンと着地させるのではなく、スーッと静かに出し、インパクトの瞬間にパワーを全開にすべく左足を軸に、うまく回転していました（ちなみに現在の大谷選手は日本時代の〝足を上げる〟打法からすり足に変え、アメリカの野球にアジャストしました）。

「微アッパー」のレベルスイング
——詰まっても怒らない

私は小学校の時から野球を始め、大学まで現役を続けましたが、その中で「引き付けて打つ」ということをバッティングの基本として考えたことはあまりありませんでした。ですから、「引き付けて打つ」ことを大冠で実践しはじめてから、それが定着するまでにはかなりの時間を要しました。

当然のことながら、ほとんどの選手が中学時代までは「前で打て」と教わっていました。それなのに私が「引き付けて打つのが基本だ」と真逆のことを教え始めたわけですから、練習でうまくいっても、試合になると詰まった当たりを放つ選手がたくさんいました。

そこで私は「選手たちが詰まった当たりを放っても、怒るのだけは絶対にやめよう」と腹をくくりました。

選手たちは「前で打て」とかつて教わった動きを修正し、「何とか引き付けて打とう」としてくれているわけです。そんな時に、詰まった当たりを放ったからといって私がただやみくもに怒っていたら、選手たちは詰まった当たりを恐れ、中学までやってきた「前で打つ」やり方に戻してしまうことになるでしょう。

私はそれだけは避けたかったので、選手が試合で詰まった当たりを放ったとしても怒ることだけはしませんでしたし、今でも怒ることはありません。

詰まった当たりになる場合、原因の多くは「バットのスイングスピードが速くない」からです。だから私はそんな時は選手たちに「まだまだ、スイングが足りてないんちゃうか」と発破《はっぱ》をかけるようにしています。

また、よくいわれることですが、スイングは「レベルスイング」が基本です。アッパースイングでもなく、ダウンスイングでもなく、地面と水平にバットを走らせる。それがレベルスイングです。

ただ、大谷選手のスイングを見ていると「ややアッパーぎみかな」という気もしますが、これは「微アッパー」というレベルスイングの一種です。

ピッチャーが投じたボールは3～5度の角度で落下しながらバッターに向かってきます。科学的には、このボールの角度にスイングの軌道を合わせ、ボールの下の部分を打ったほうが「より遠くに飛ぶ」とされており、そのスイングこそが「微アッパー」なのです。

本校でも、クリーンアップを打つレベルの主力選手（長距離砲タイプ）には、微アッパーでボールのやや下を打つバッティング（バックスピンをかけるイメージでボールを打つ）を教えています。ただし、このバッティングは、実力不足の選手や長距離砲タイプではない選手に教えるとファールが多くなったり、バッティングそのものを崩してしまったりする可能性があるので、教える際には注意が必要です。

レベルスイングを覚えるためには、腰の高さくらいのテーブルや柵などを利用し、地面と水平になっている部分の上を、バットでゆっくりなぞりながらスイングするのがいいと思います。

私がマンツーマンでレベルスイングを指導する場合は、グラウンド整備用のトンボを私が地面と水平になるように持ち、選手にその上をバットでなぞらせて「地面と水平に振るとはこういうことだ」と体で理解してもらうようにしています（トンボを使うと、高日のレベルスイング、低目のレベルスイングなど、高低のレベルスイングを覚えられるので効果的です)。

それでは、次項から私の考える「理想のバッティング」を、バットの握り、構えからインパクト、フォロースルーまで、一連の流れを順に追っていきながら、細かくご説明したいと思います。

東山流

「理想のバッティングフォーム」徹底解説

いよいよここから、私が30年以上にわたる長い指導者生活の中で辿り着いた「理想のバッティングフォーム」に関して、具体的に詳しくご説明していきたいと思います。何事も「基本が大切」ですから、この基本をしっかりと身に付け、バッティングの向上に役立てていただければと思います。

バットの握り方

バットを両方の手のひらでギュッと握ってしまうと、バットを振る時の「遊び」がなくなり、バットコントロールがしづらくなってしまいます（写真①）。

バットをうまくコントロールするには、「両手の指の第2関節の部分を巻きつけるように、柔らかく握る」という握り方が一番適しています（写真②）。指の第2関節を中心に握ると、手首にも余裕が出て、バット操作がしやすくなります。

また、構えた時に両手の中指から下三本（中指、薬指、小指）だけ力を入れ、親指、人差し指には力を入れず、遊ばせておくのもポイントです（写真③）。こうすることでリストが柔らかく使えるようになり、よりバットコントロールがしやすくなります。さらにインパクトの瞬間にはじめてすべての指をギュッと握ることで、体のパワーをバットからボールへと無駄なく伝えることができるようになるのです。

中学校を卒業したばかりの新入生たちは、バットを手のひらで握っている選手が多いので、私は毎年まずこの握り方から教えるようにしています。

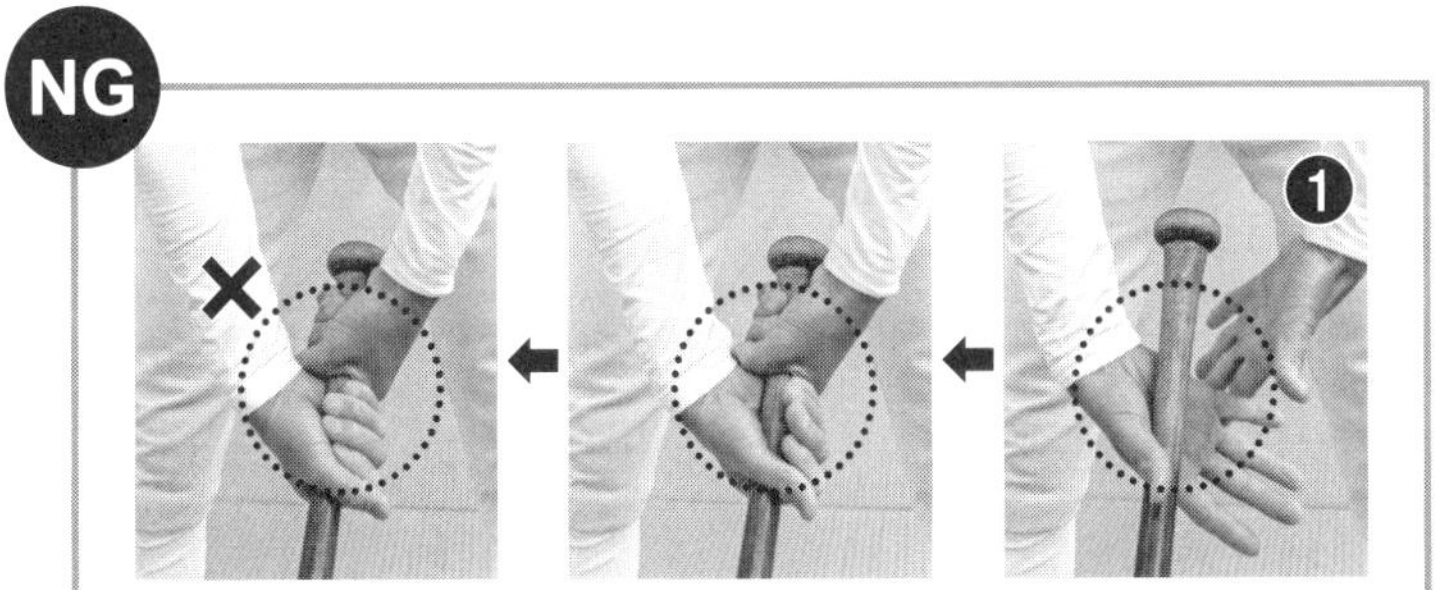
NG
1

両方の手のひらでギュッと握ると、「遊び」がなくなりバットコントロールがしづらい

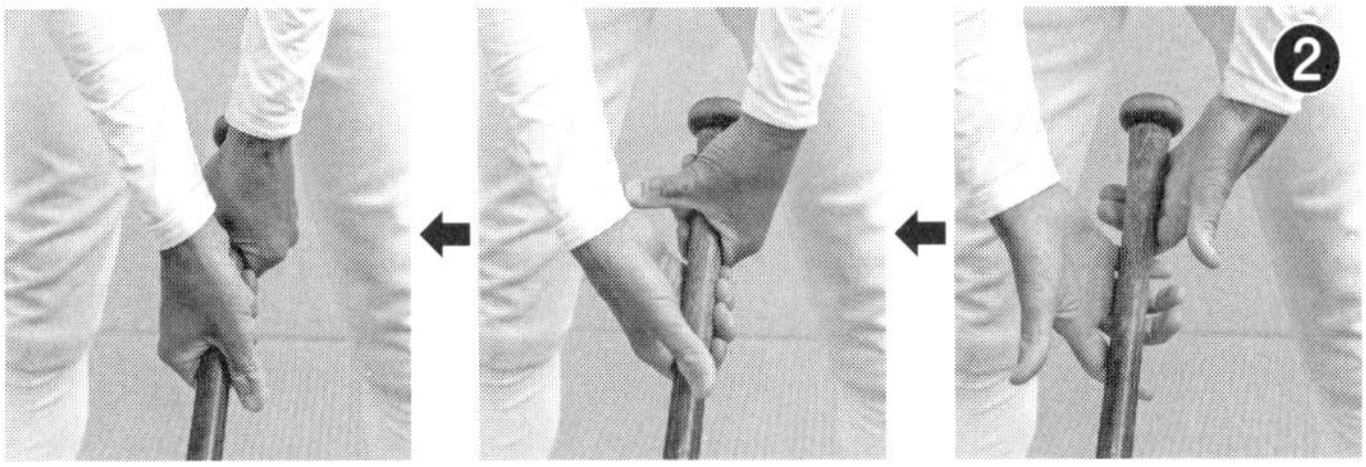
2

両手の指の第2関節の部分を巻きつけるように柔らかく握ると、バット操作がしやすい

3
両手の親指、人差し指には力を入れず、遊ばせておくのもポイント

バッターボックス内での立ち位置

近年、変化球を多用するピッチャーが増えていることから、変化球の曲がりっぱなを叩く意味でも、バッターボックスのピッチャー寄りのところに立つのがベストだと考えています（写真①）。しかし、相手ピッチャーのストレートが140キロを超えるような速球派の場合は、逆にバッターボックスの一番後ろ（キャッチャー寄り）に立たせることもあります（写真②）。

また、右対右、左対左でピッチャーがサイドスローの場合、バッターはできるだけホームベースに近い位置に立ち、アウトコースに逃げていくボールができるだけ自分の体に近くなるような立ち位置に構えるのが基本となります（写真③）。

1
近年は変化球を多用する投手が増えているので、投手寄りのところに立つのがベスト

2
140キロ超の速球派の場合は、逆に捕手寄りに立たせることもある

3
投手がサイドスローの場合、できるだけホームベースに近い位置に立つのが基本

構えた時のスタンス

構えた時の両足は、肩幅よりもやや広めにスタンスを取ります。そしてピッチャーに対してスクエアに構えるのが基本です（写真①）。

最近は構えの時、ややオープンぎみにスタンスを取っている選手が多いですが（写真②）、これはボールが見やすくなるのでいいと思います（ただし、前足を踏み込む時はピッチャーに対して真っ直ぐに踏み込むのが鉄則です）。

また、構えた時の体重の乗せ方ですが、前足に体重を乗せるのではなく（写真③）、両足にバランスよく体重をかけるのが理想です（写真④）。ただし、若干軸足に体重が多くかかる分には問題ありません。

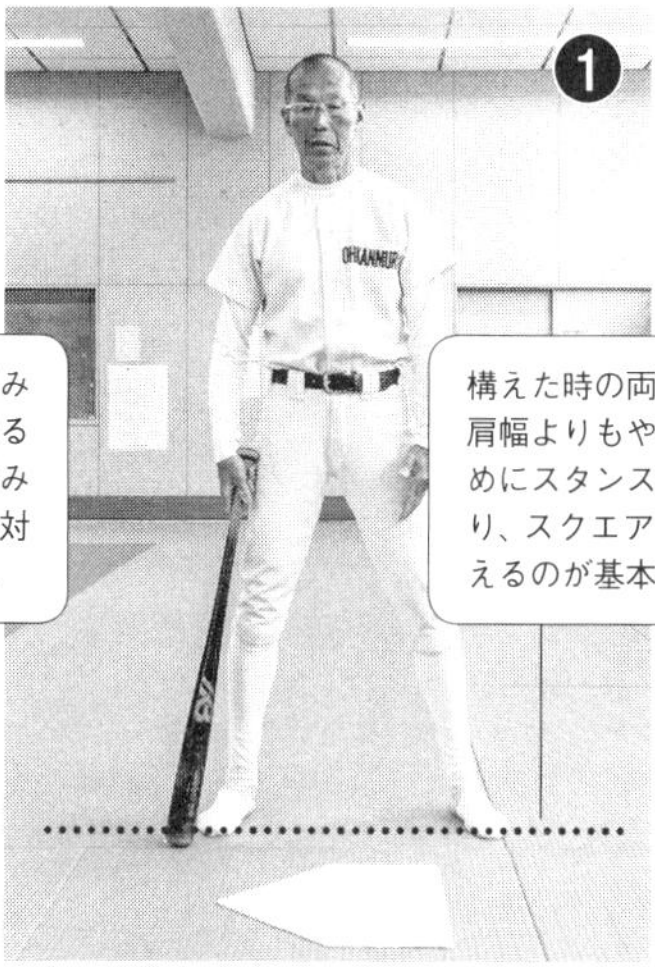
1
構えた時の両足は肩幅よりもやや広めにスタンスを取り、スクエアに構えるのが基本

2
ややオープンぎみにスタンスを取るのもいいが、踏み込む時は投手に対して真っ直ぐに

NG
3
若干軸足に体重が多くかかるのはいいが、前足に体重を乗せるのはよくない

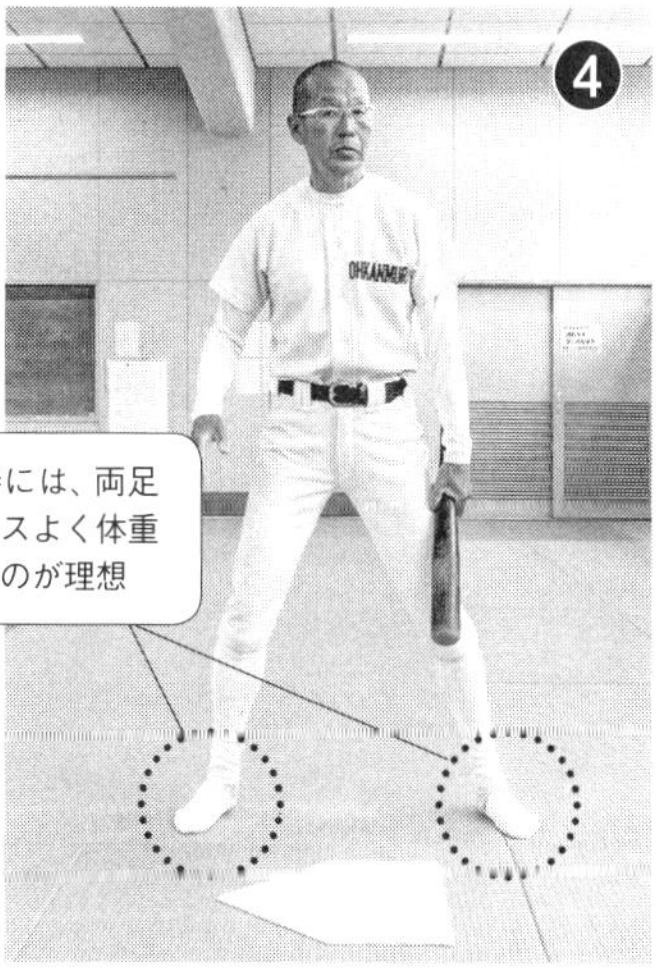
4
構えた時には、両足にバランスよく体重をかけるのが理想

構え方（上半身）

構えた時のグリップの位置は、右肩の前（左バッターは左肩の前）が基本です（写真①）。ヘッドはややピッチャー寄りに傾けて構え、肩の力を抜いた状態になっているのが理想です（写真②）。

選手によってはグリップの位置を肩よりも低く構えるタイプがたまにいますが（写真③）、最初はこの形でも、「トップ」に入った時にバットの位置が正しい状態にあればまったく問題ありません（写真④）。

しかし、腕力がないとバットの移動距離が長くなる分、ヘッドの位置がずれたり、構えが安定しなかったりすることもあり、これではボールをミートする確実性が低くなるばかりです。このような低い構え方でも一定以上の打率をキープしている選手はいいですが、打率のよくない選手は、やはりグリップの位置を後ろの肩の前に持ってくるようにしたほうがいいと思います。

また、それとは逆に構えた時のグリップの位置が肩よりもだいぶ上になる選手がいますが（写真⑤）、こういったタイプは上から下にバットを移動させてトップの状態に入ってい

ヘッドはやや投手寄りに傾けて、肩の力を抜いた状態で構えるのが理想

構えた時のグリップの位置は、後ろの肩の前が基本

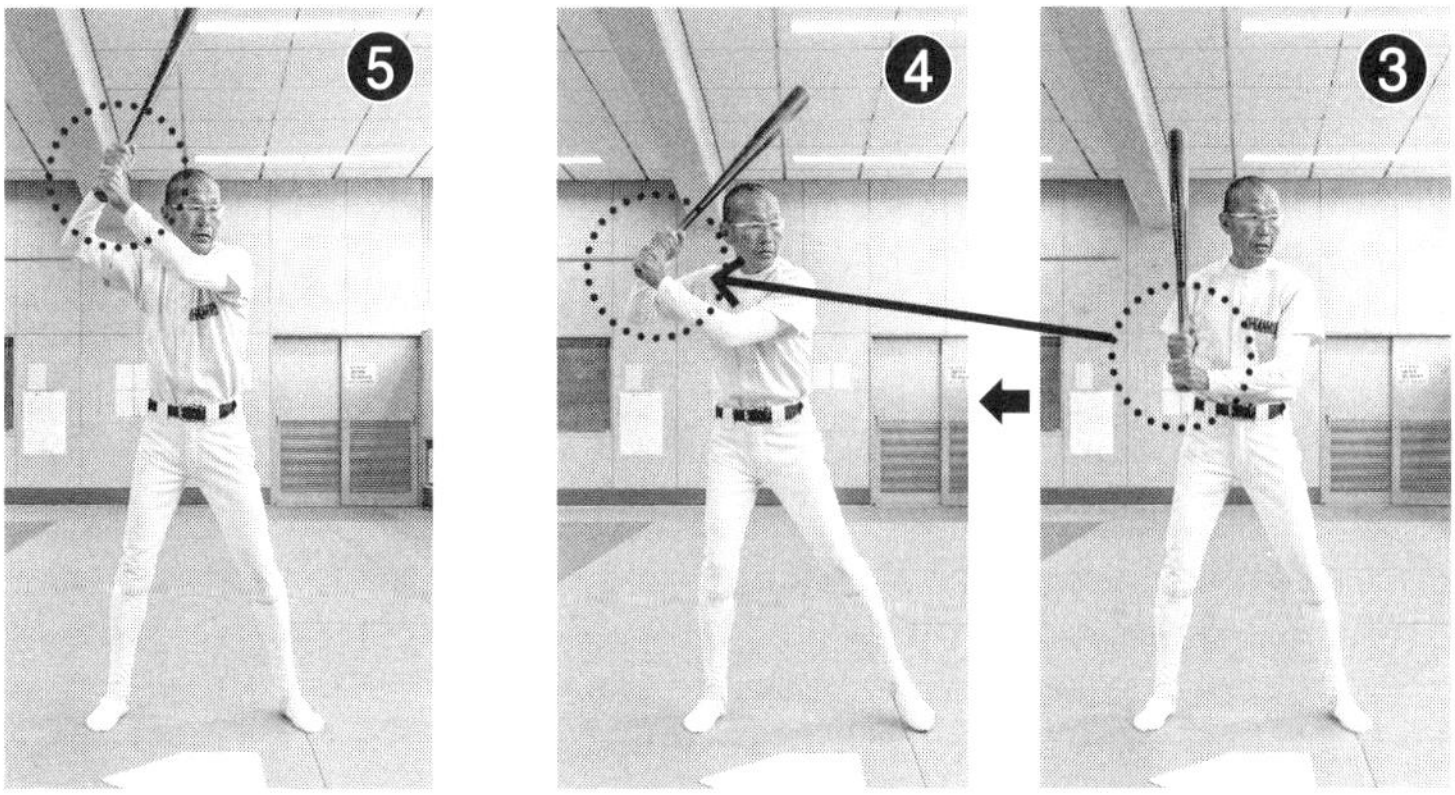

グリップの位置が高すぎるのは、高校生にはあまりおすすめできない

グリップを低く構えていても、トップでバットが正しい位置に来ればＯＫ

きます。上から下にバットを移動するということは、当然そこに引力の加速なども加わりますから、自分が思っている以上にグリップの位置が下がってしまうことがあり、高校生レベルでこの動作を安定させるのはちょっと難しいかもしれません。

そんなことから、私はグリップの位置が高すぎる選手に対しては、なるべく基本である「肩の前」にグリップが来るよう指導しています。

重心の移動

構えができたら、その次は「軸足」への重心移動となります。

この時大切なのは、まず始動の時点で軸足にしっかりと体重を乗せることです。そしてその後、前足を踏み込んでいくわけですが、この前足も「足を上げて出す」パターン（写真①）と「すり足で出す」パターン（写真②）の2種類があります。

前足の使い方に関して、私はあまり細かく指導することはありません。結局はタイミングの取り方の違いでもありますから、あくまでもその選手が「やりやすいやり方」で前足を踏み込むのがベストだと思います（いずれにせよ、軸足に体重をしっかり乗せてから踏み出すのは同じです）。

❶
足を高く上げるタイミングの取り方は、パワーをボールに伝えやすい

❷
すり足タイプはタイミングを取りやすく、ボールの変化にも対応しやすい

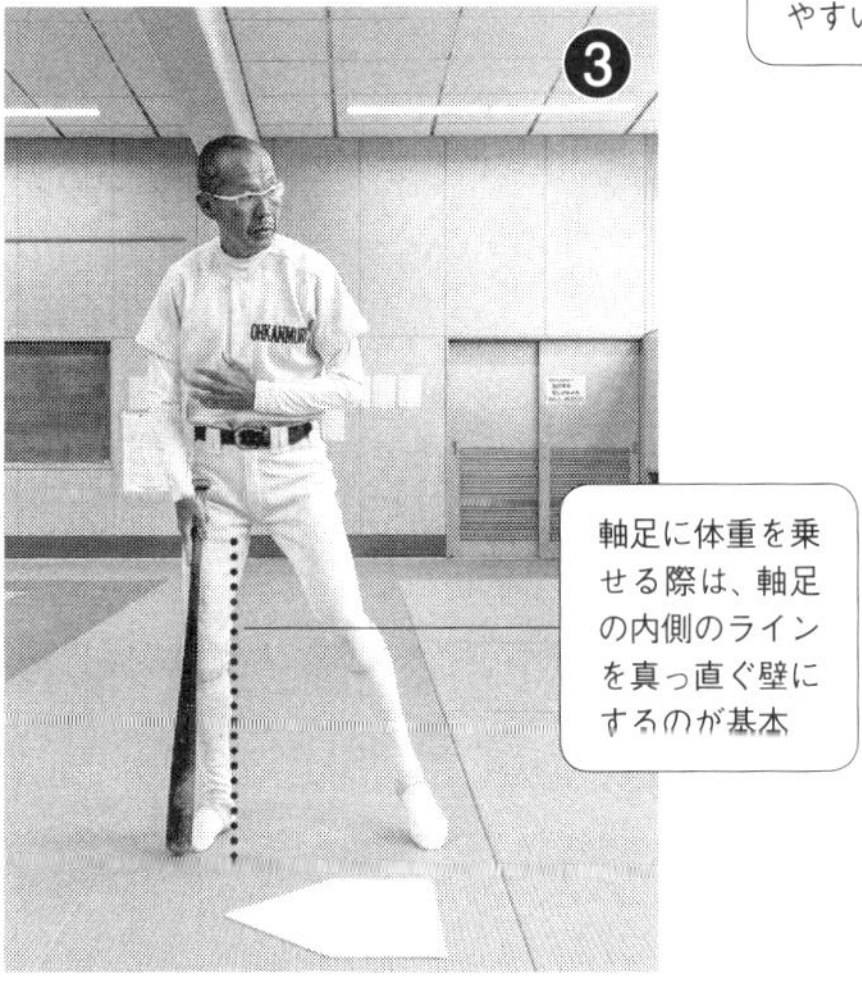
❸
軸足に体重を乗せる際は、軸足の内側のラインを真っ直ぐ壁にするのが基本

また、軸足に体重を乗せる際、軸足の内側のラインを真っ直ぐ壁にするのが基本なので、これも忘れないでください（写真③）。

足を高く上げるタイミングの取り方は、「パワーをボールに伝えやすい」という利点がありますが、「軸」が後ろ（キャッチャー方向）に倒れてしまうことが多く、これでは正しい体重移動ができません（写真④）。こういった選手は、「つま先を上げようとする」のではなく、「膝を折りたたみながらコンパクトに足を上げる」ようにすると軸がブレず、安定した体重移動ができるようになるはずです（写真⑤）。

一方の「すり足タイプ」はタイミングを取りやすく、ボールの変化にも対応しやすい利点があります。もし「足を上げる」タイミングの取り方で悩んでいる選手がいたら、「すり足」を一度試してみるといいかもしれません。

軸足に重心移動をする際、上半身の腕は足よりもワンテンポ遅れて動き、「トップ」の位置を作るような形となります（写真⑥）。

下半身と上半身にずれを生むことによって、この間《ま》が「ため」となり、体をうまくねじりながら回転させることができるようになるわけです。

膝を折りたたみながら、コンパクトに足を上げるようにすると軸がぶれない

「軸」が後ろに倒れてしまうと、正しい体重移動ができなくなる

腕は足よりもワンテンポ遅れて動いてトップを作ることで、「ため」が生まれる

「割り」と「トップ」

軸足への体重移動の際、下半身と上半身の動きがずれることによって「体のねじり」が生まれ、そこから回転のパワーが生み出されていくわけですが、私はこの動きのずれを「割り」と呼び、選手たちには「〝割り〟をしっかり作りなさい」といつも指導しています（写真①）。

体がトップの位置に入った時、重心はまだ軸足にあり、グリップも右足の甲の上あたりにあるのが理想です（写真②）。

割りができて、「トップ」の位置が決まり、そこから腰がピッチャー方向に移動していくことになりますが、体が前に突っ込んでしまうと泳いだようなバッティングとなり、せっかくためた力をうまく発揮することができません（写真③）。

踏み込む足はつま先から着地し、割りを作りながらパワーをためこみ、スイングへと移っていく。これが自分の力をスイングで最大限発揮するための準備であり、バッティングにおける大きなポイントなのです。

下半身と上半身の動きがずれることで「ねじり」が生まれる。これを「割り」という

NG

体が前に突っ込んでしまうと泳いだスイングになり、ためた力をうまく発揮できない

トップの時、グリップは後ろ足の甲の上あたりにあるのが理想

その際、重心はまだ軸足に残っているのもポイント

「トップ」でのグリップの位置

「割り」を作った時の「トップ」の形やバットの角度についてさらに詳しくご説明したいと思います。トップを正しく作れば、体の力（体幹の力）を正しくバットに伝えることができるようになります。

まず、気をつけなければならないのは「グリップの位置」です。トップに入った時、腕を張りすぎてグリップの位置が体から遠くなってしまうと、バットが出にくくなり、これでは体幹の力をうまくバットに伝えることができません（写真①）。

また、それとは逆に頭に近い位置にグリップを置き、窮屈な形でトップを作ってしまうと、今度は打つポイントまでの距離が短くなりすぎ、力をうまくためることができませんからこちらも正しい打ち方とはいえません（写真②）。また、グリップの位置が肩よりも下にある打ち方も、これでは「ため」が生まれず力を発揮できません（写真③）。

正しいトップの位置は、グリップ部の上の手が自分の耳から手のひらひとつより若干広いくらいの距離にあるのが理想です（写真④）。

NG

グリップの位置が体から遠いと、バットが出にくくなって体幹の力を伝えられない

頭に近い位置にグリップがあると、力をうまくためることができない

グリップが肩よりも下にあると、「ため」が生まれず力を発揮できない

正しいトップの位置は、グリップ部の上の手が自分の耳から手のひらひとつより若干広い距離

「トップ」でのバットの角度

「トップ」に入った時に大切になってくるのが「バットの角度」です。横から見た場合、バットの角度はピッチャー側に「約45度」の角度で倒れているのが理想です（写真①）。この角度が打つポイントまで最適な距離を保てる位置といえます。

また、正面から見た場合、ヘッドが後ろに倒れすぎていると脇が開いてドアスイングにも繋がり、インコースのボールが打ちづらくなります（写真②）。逆にヘッドが前に倒れすぎると、今度は高目のボールに手が出なくなってしまいます（写真③）。

そんなことから、インサイドアウトの正しい軌道でバットを振り出していくためには、正面から見た場合のバットの倒れる角度は「約30度」が最適だと考えています（写真④）。

正面から見た場合、バットが「約30度」の角度だと正しい軌道で振り出せる

横から見た場合、トップでのバットの角度は投手側に「約45度」が理想

NG

ヘッドが前に倒れすぎていると、高めのボールに手が出なくなる

ヘッドが後ろに倒れすぎているとスイングで脇が開き、インコースに対応しづらい

下半身の使い方

「割り」と「トップ」の位置ができあがったら、次はスイングへと移っていくわけですが、この時、バットを振り出してから軸足のかかとが上がると同時に軸足の膝が回転し、それがねじりの動きとなって、上半身に下半身のパワーを伝える大きな役割を果たします（写真①）。このねじりの動きがうまくできず、軸足の膝が突っ張ってしまったり、あるいはかかとが上がっていなかったりする状態だと腰がうまく回転せず、下半身のパワーが上半身に伝わりません（写真②③）。

また、軸足の膝を回転させる際、「膝と腰と肩」のラインは一直線となるのが理想です（写真④）。身体が後ろに倒れる、あるいは前に突っ込んでしまうという動作（写真⑤⑥）にならないよう、かかとと膝をうまく使うことが大切です。

さらに踏み込んだ前足は親指（拇指球）に意識を置き、「足の内側」に壁を作るようなイメージで重心移動をすることが大切です（写真⑦）。この時、前足の膝が突っ張ってしまったり、あるいは膝が折れて体重が前にかかりすぎてしまったりする状態だと体がうまく回転しませんから（写真⑧）、少し膝に余裕を持たせた状態で、あくまでも「足の内側に壁

軸足のかかとが上がると同時に軸足の膝が回転し、そのねじりの動きがパワーを生む

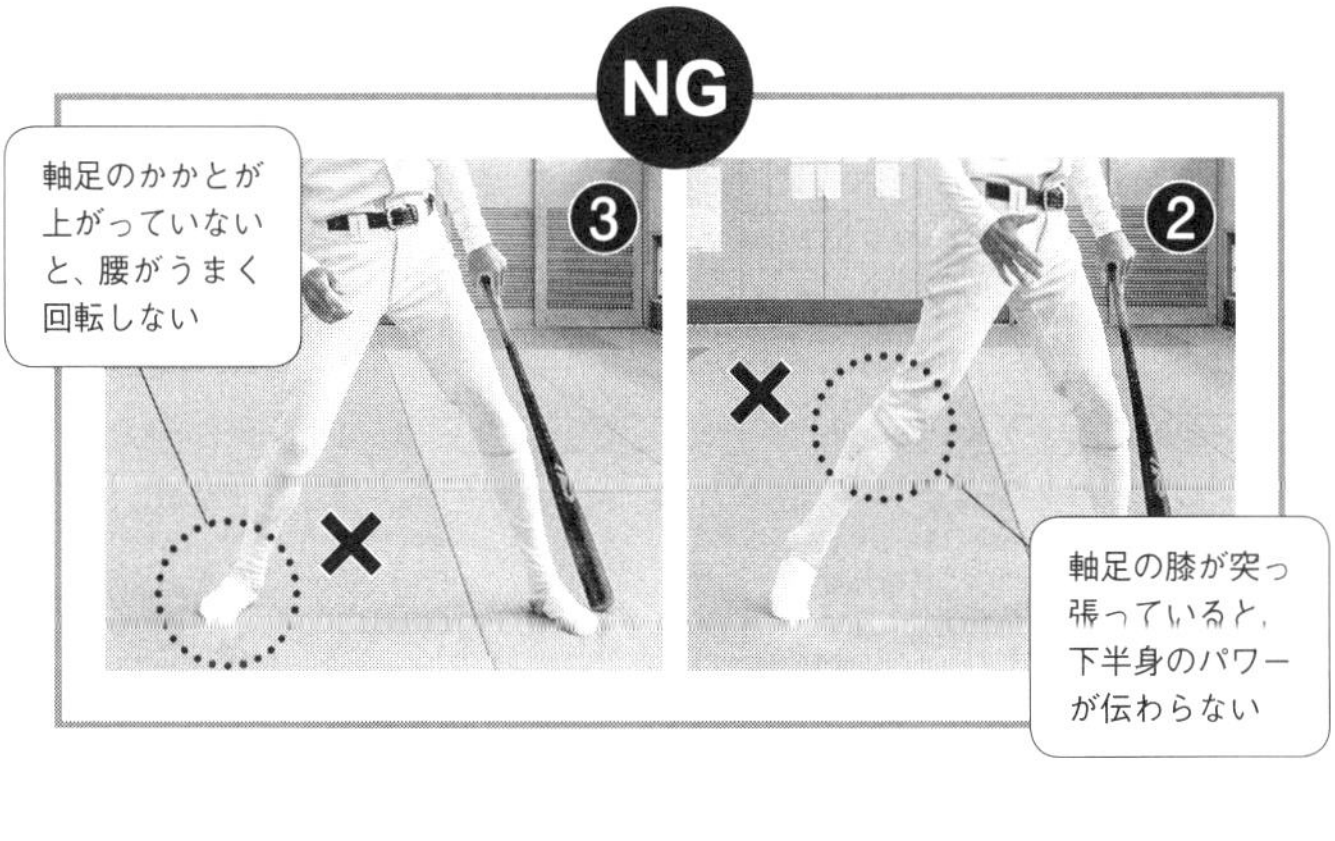
NG
軸足のかかとが
上がっていない
と、腰がうまく
回転しない
軸足の膝が突っ
張っていると、
下半身のパワー
が伝わらない

を作り回転する」ことをイメージしましょう。

この時のコツとしては、両足を回転させながら体の中央へ中央へと、力をためこんでいくイメージでスイングすることです（写真⑨）。

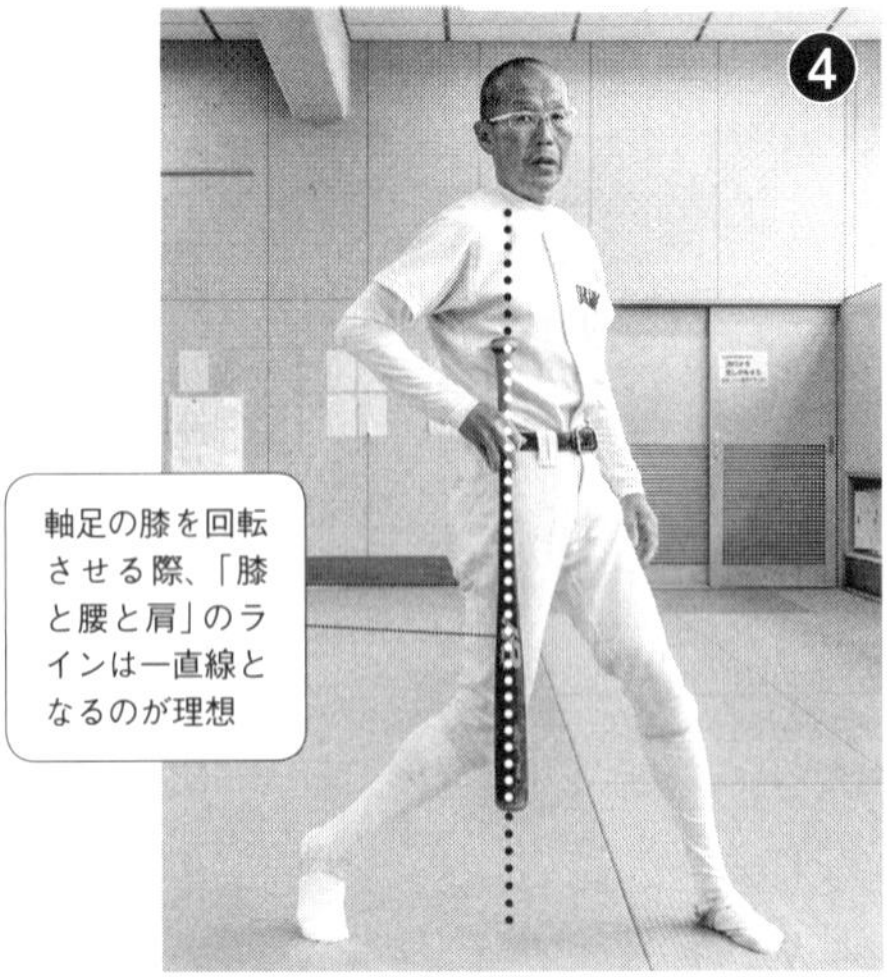
4
軸足の膝を回転させる際、「膝と腰と肩」のラインは一直線となるのが理想

NG
6
5

身体が後ろに倒れる、あるいは前に突っ込むという動作にならないよう注意

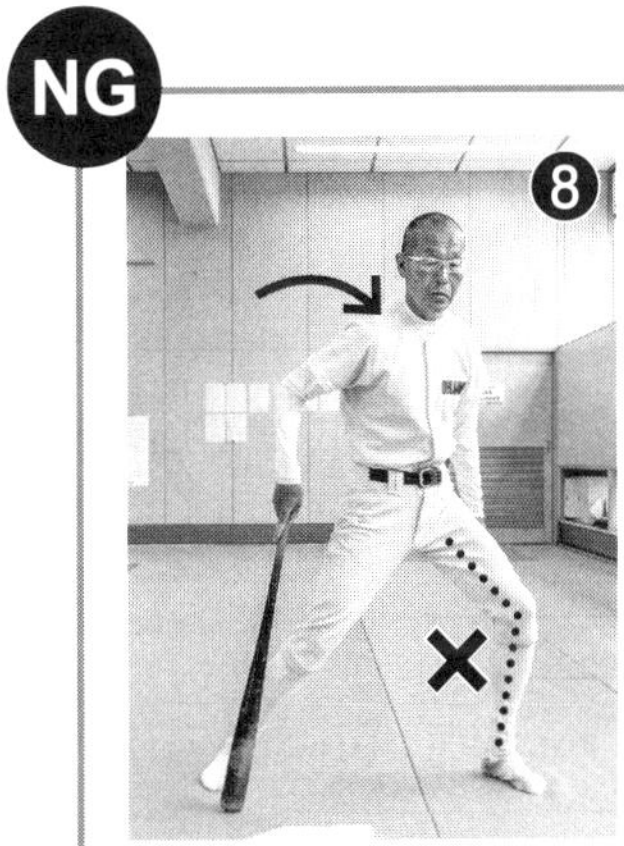
NG
8

膝が折れて体重が前にかかりすぎ
ていると、体がうまく回転しない

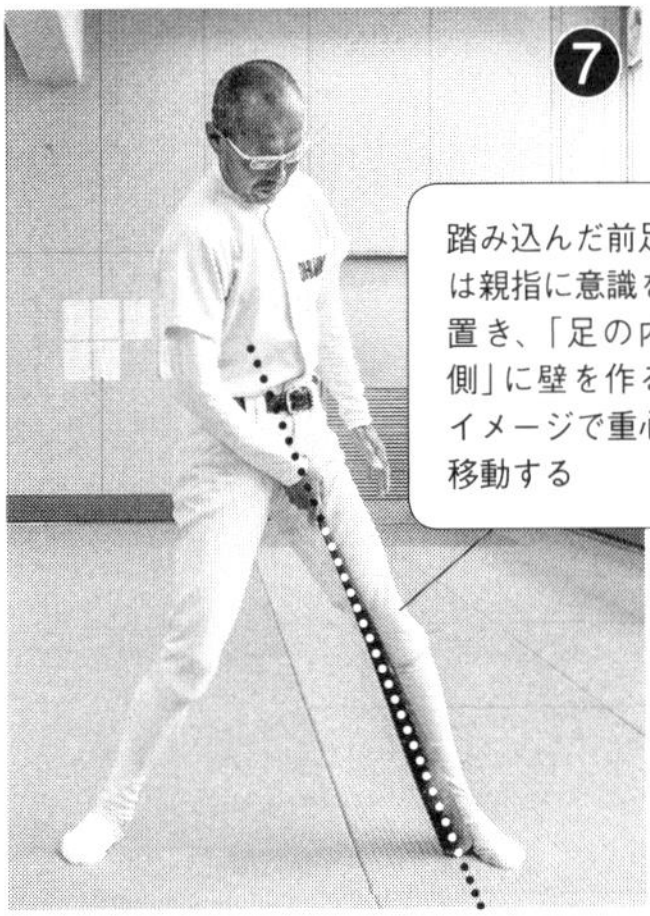
7
踏み込んだ前足は親指に意識を置き、「足の内側」に壁を作るイメージで重心移動する

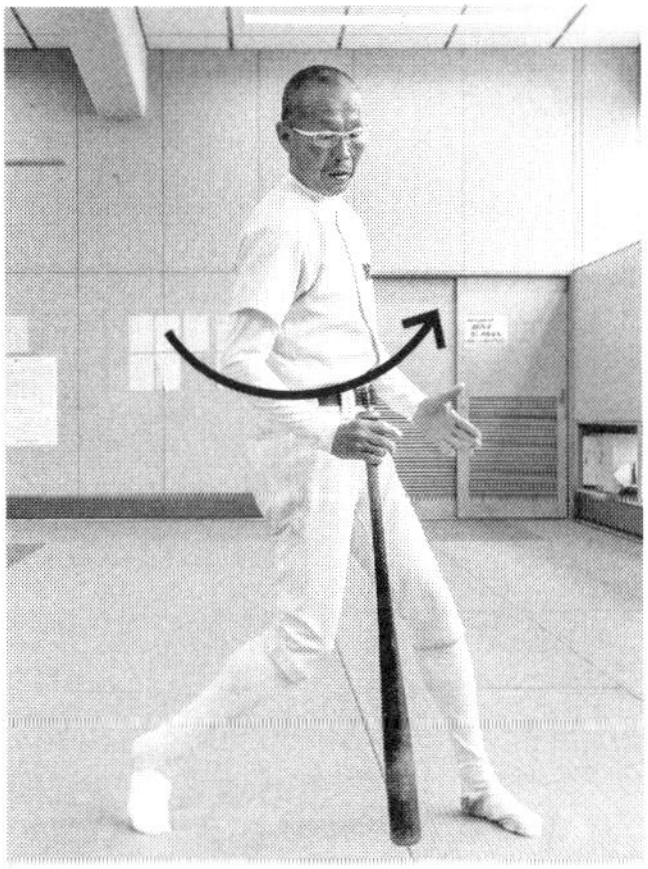

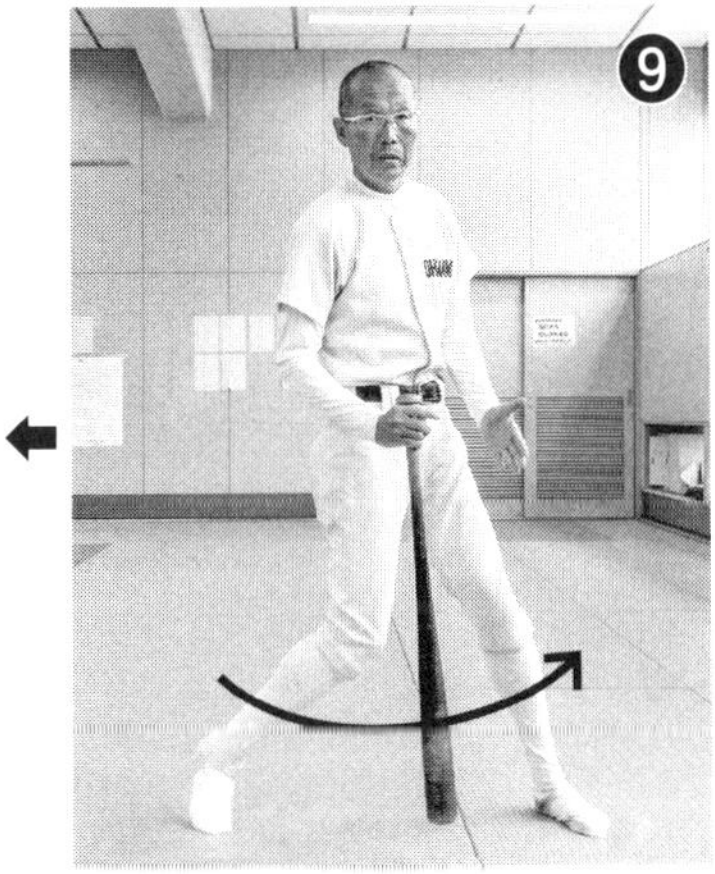
9

体を回転させる際、体の中央へ中央へと、力をため
こんでいくイメージでスイングするのがコツ

前足の踏み出し方のポイント

踏み込みにおけるポイントを、ここでご説明したいと思います。

前足の踏み込みの基本中の基本は「ピッチャーに対して真っ直ぐに踏み込む」ということです（写真①）。

オープンスタンスで構えるバッターであっても、前足を引き付けて踏み込む際には、真っ直ぐ踏み込まなければなりません。オープンで構え、オープンに足を踏み出してしまうと（写真②）、体はすっかり開ききってしまいますから、体のパワーをしっかりとボールに伝えることができなくなるだけではなく、アウトコースのボールにも対応できなくなってしまいます。

また、中にはスクエアに構えていてもインステップで踏み込むバッターもいますが（写真③）、これは自分から逃げていく変化球には有効ですが、インコースのボールにどうしても窮屈になって詰まってしまいます。よって、インステップしてしまうバッターは、真っ直ぐに（スクエアに）踏み込むように修正したほうがいいと思います。

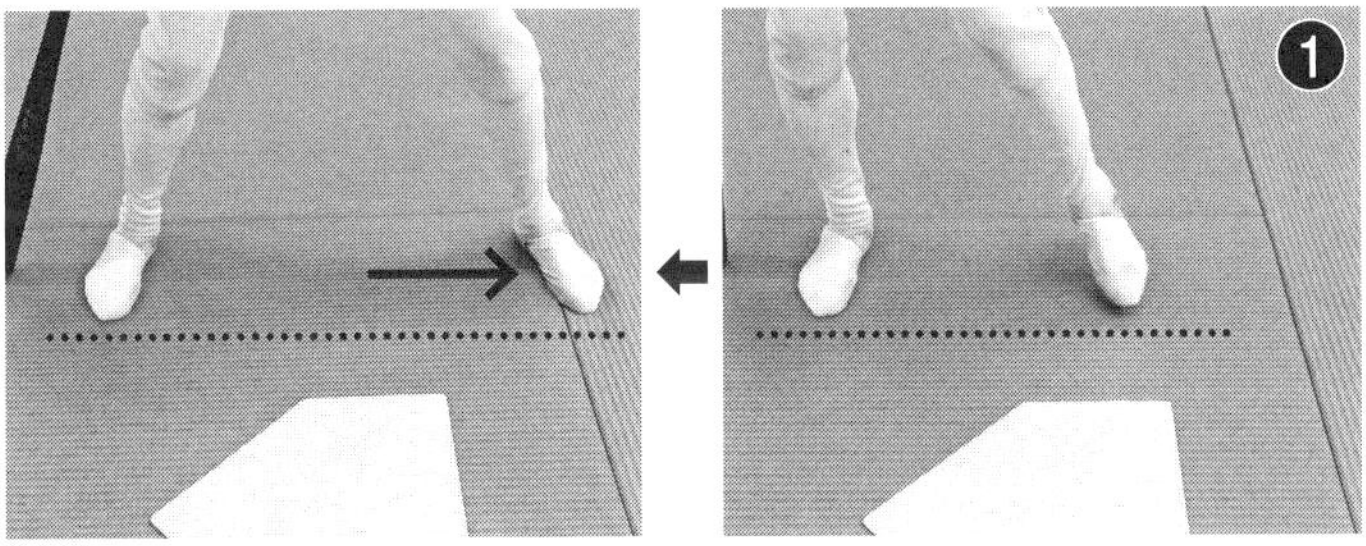

前足の踏み込みは「投手に対して真っ直ぐに踏み込む」のが基本中の基本

NG

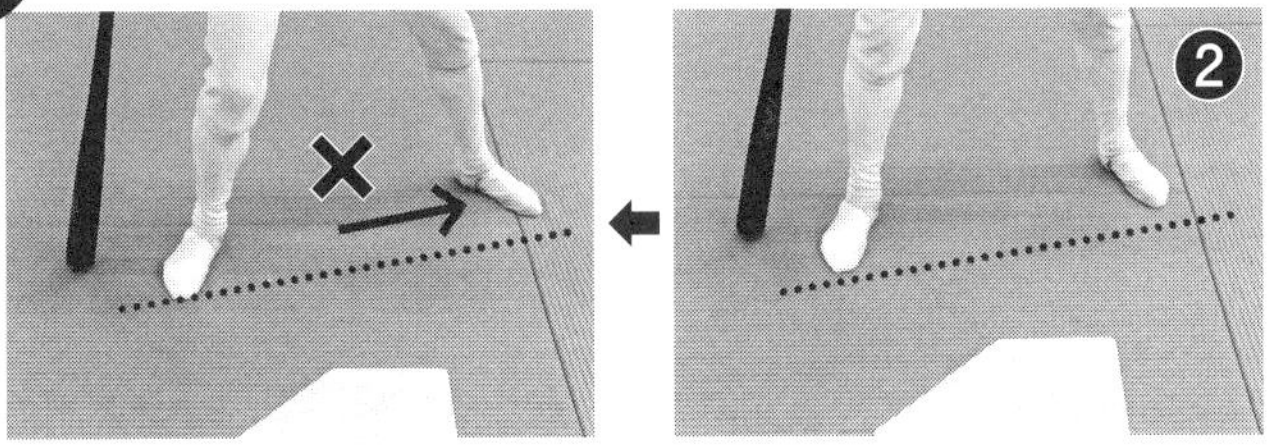

オープンで構えてオープンに足を踏み出すと、体はすっかり開ききってしまう

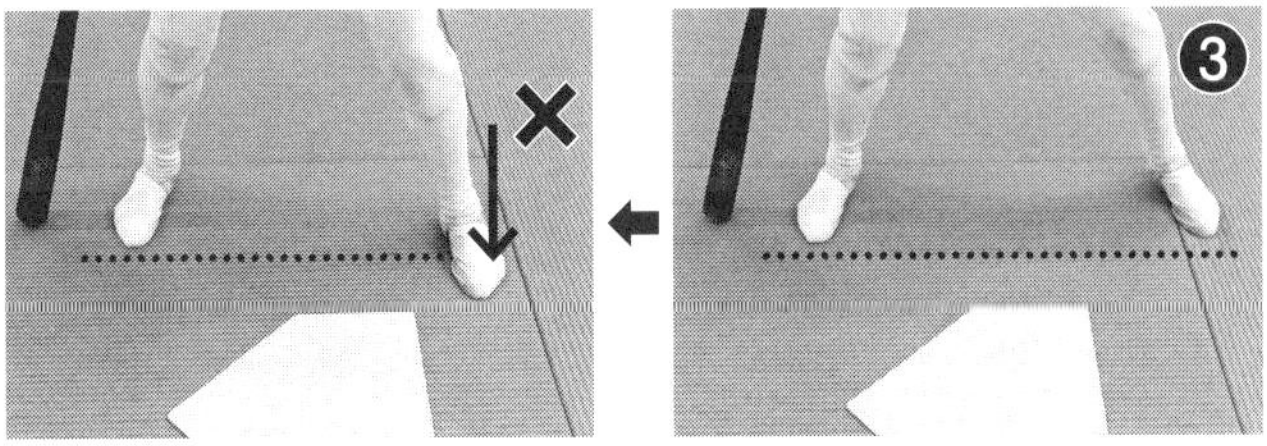

スクエアに構えてインステップで踏み込むと、インコースのボールに詰まってしまう

両腕の使い方

下半身の動きの次は、上半身の両腕の使い方がカギとなります。では、引き手（右バッターなら左腕）と押し込む手（同・右腕）の使い方をご説明します。

引き手は「バットを引っ張っていく」のが役目ですから、この腕が突っ張ってしまうと肩が開き、ドアスイングの原因となってしまいます（写真①）。そうならないよう左肘には余裕を持たせ、脇を締めながらバットを引っ張ってくる感覚でグリップエンドを前に出していくようにしましょう（写真②）。

そして後ろの押し込む手（右バッターなら右腕）は、右肘を前に送り出す感覚で押し込んでいきます（写真③）。この時、右肘はへそのほうに向かっていくのが正解です。右肘が下の方向に向かってしまうとグリップの位置も下がり、ヘッドが倒れ、バットが出てこなかったり、アッパースイングになってしまったりする原因となりますので注意してください（写真④）。引き手でバットをしっかりと引っ張り、後ろの手でバットを押し込んでいく（写真⑤⑥）。このふたつがバランスよく組み合わさることで、スイングがいい軌道になっていくのです（写真⑦）。

NG
1
×

引き手が突っ張ってしまうと肩が開き、ドアスイングの原因となってしまう

2
肘には余裕を持たせ、
バットを引っ張って
くる感覚でグリップ
エンドを出していく

③
後ろの手は、肘を前に送り出す感覚でへそのほうに向かって押し込んでいく

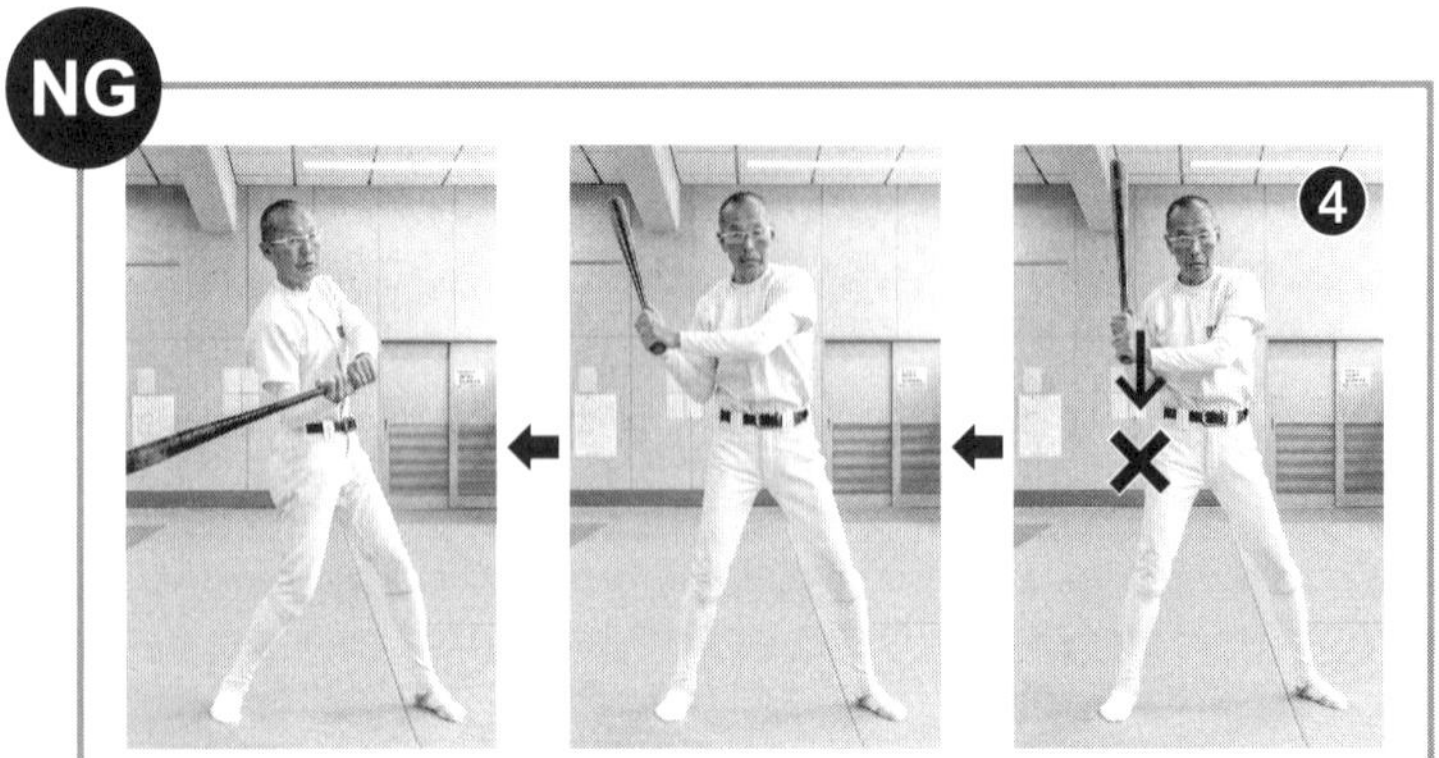
NG
④

右肘が下に向かうとグリップの位置も下がり、ヘッドが倒れてバットが出てこない

引き手

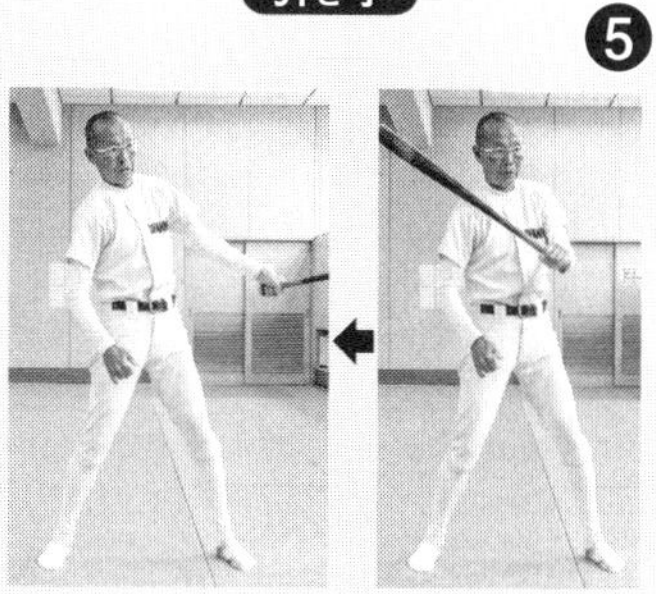

引き手はバットをしっかりと引っ張る

後ろ手

後ろの手はバットを前に押し込んでいく

引き手と後ろの手がバランスよく組み合わさることで、スイングはいい軌道になっていく

インパクトの瞬間

引き手と押し込む手で、バットの芯をポイントまで持ってきました。

次に一番肝心な「バットの芯でボールを捉える」という「インパクトの瞬間」になるわけですが、この時、両腕が伸びきった場所でボールを捉えるのではなく（写真①）、後ろの押し込む手の肘に多少余裕のある状態でボールを捉えるのが理想です（写真②）。

両腕が伸びきる手前から伸びきるまでの間にボールを捉え、押し込んでいくことによって体のパワーがしっかりとボールに伝わり、より強い打球を打つことができるようになります（写真③）。

ボールを捉えるポイントはへその前（写真④）、インコースの場合はそこに腰の回転を加えてやや「ピッチャー寄り」のところ（写真⑤）でボールを捉えるようにするといいでしょう。アウトコースの場合は真ん中のポイントよりもやや「キャッチャー寄り」のところ（写真⑥）で捉え、逆方向を狙うイメージで振るといいと思います。「ボールがインコースに近くなるほどポイントは前になる」ことを覚えておいてください。

2
後ろの押し込む
手の肘に多少余
裕のある状態で、
ボールを捉える
のが理想

NG
1

「インパクトの瞬間」は、両腕が伸びきった場所でボールを捉えてはいけない

3

両腕が伸びきる手前でボールを捉え、押し込んでいくことでパワーがしっかり伝わる

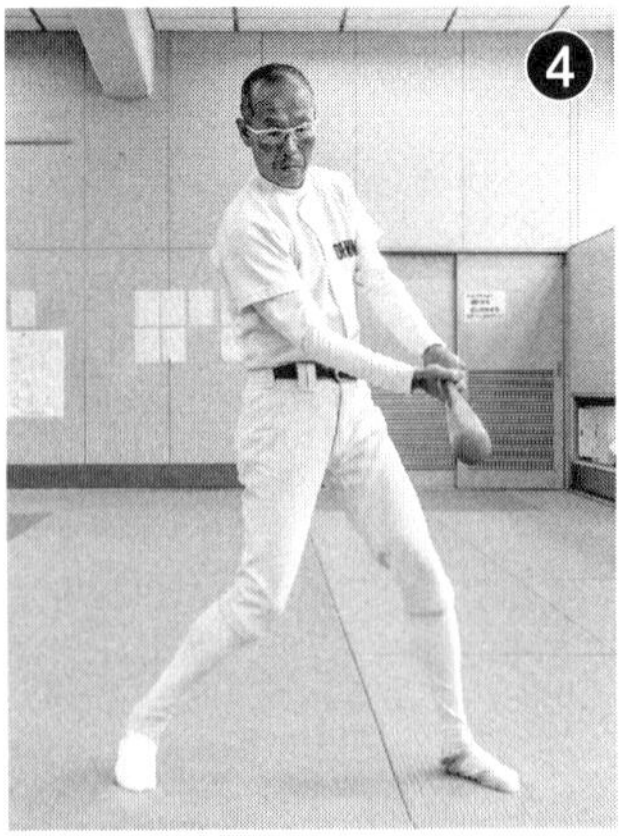

ボールを捉えるポイントはへその前が基本

アウトコースはやや「捕手寄り」のところで捉え、逆方向を狙うイメージで振る

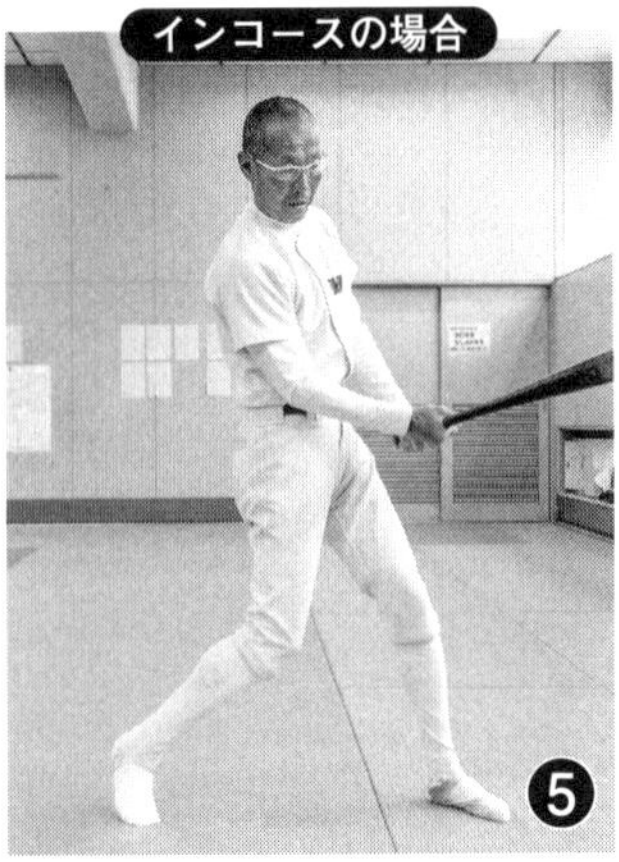

インコースは腰の回転を加えて、やや「投手寄り」のところでボールを捉える

リストターンとフォロースルー

次に、ボールを捉えた後のフォロースルーですが、後ろの手でボールを押し込んだ後は、その手を引き手にかぶせるように返します（リストターンといいます）。

ボールを捉えた時の後ろ手のこぶしが返らず、そのまま送り出すような形になると、強い打球を放つことはできません（写真①）。しっかりと後ろの手を引き手にかぶせるようにリストターンを行うことでバットのヘッドにスピードが生まれ、それが打球の飛距離に繋がっていくのです（写真②）。

リストターンを行った後のフォロースルーは、バットのヘッドを肩のラインに持ってくるようにするといいと思います（写真③）。こうすることによって「正しいレベルスイングの軌道」がキープでき、アベレージも上がるでしょう。

フォロースルーで、バットのヘッドが上がりすぎている選手をたまに見かけますが（写真④）、これではレベルスイングの軌道になりませんから、安定してレベルスイングができるようにするためには、「フォロースルーはバットを肩口に持っていく」ことを心がけるようにしましょう。

リストターン

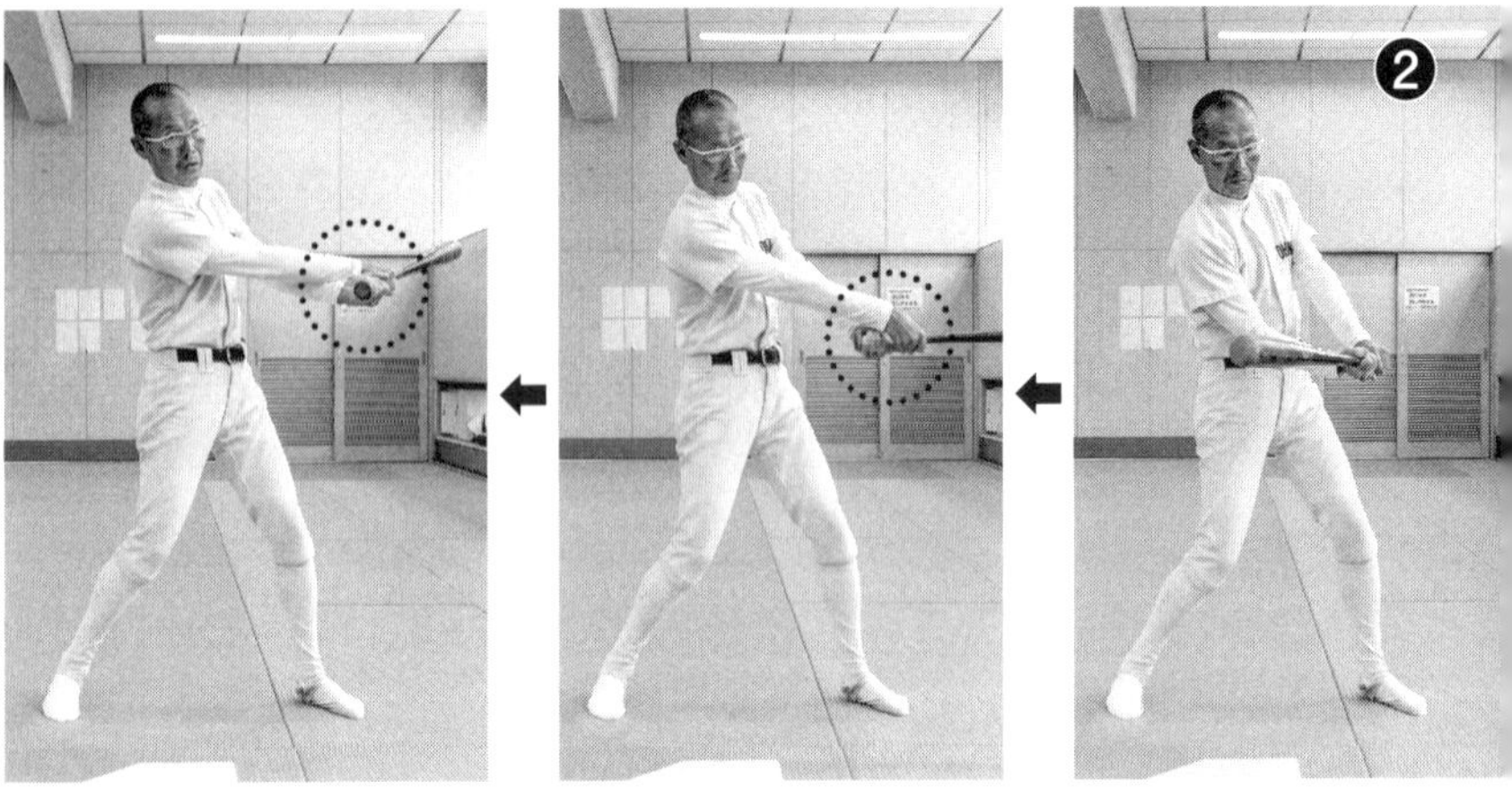

しっかり後ろ手を引き手にかぶせてリストターンを行うことで、ヘッドが走る

NG

ボールを捉えた後のフォロースルーで、後ろ手のこぶしが返らないのはいけない

フォロースルー

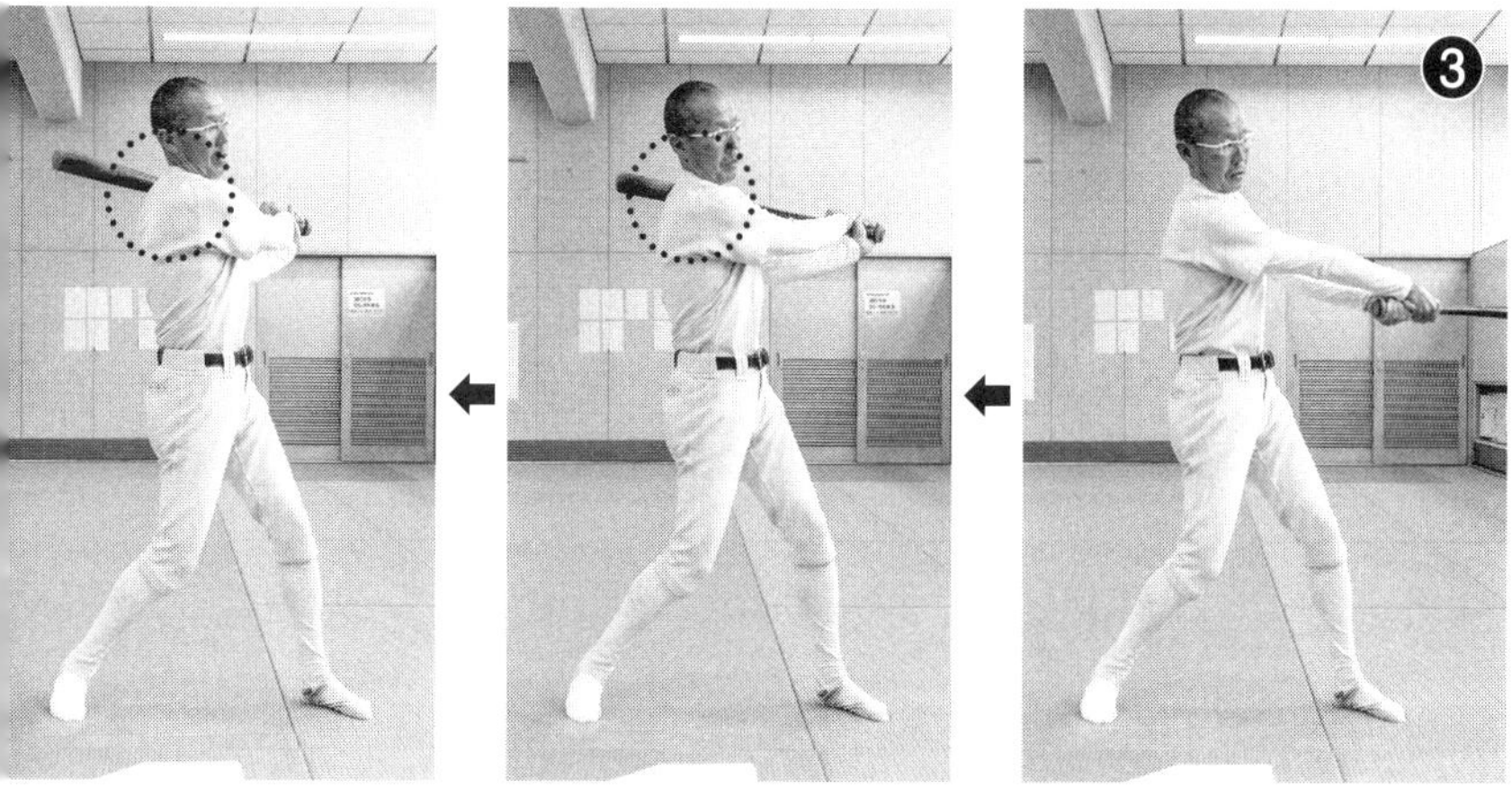

リストターンの後のフォロースルーは、バットのヘッドを肩のラインに持っていく

NG

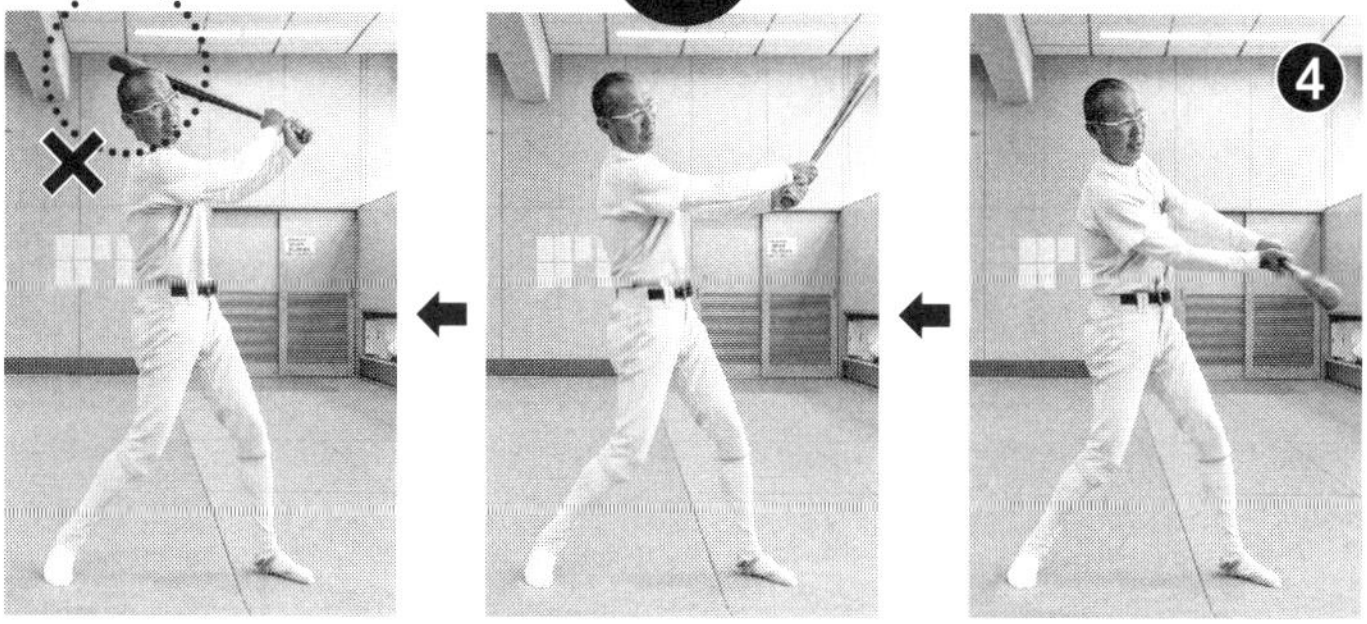

フォロースルーで、バットのヘッドが上がりすぎているのはよくない

ここまで、私の考える「理想のバッティングフォーム」を解説してきました。

理想のバッティングフォームを身に付けるためには、何千回、何万回もバットを振ることが必要です。ここまで説明してきたことをまずは頭で理解し、その上でスイングを繰り返してください。

目標を達成するために近道はありません。地道な努力を続けている人に、野球の神様は微笑んでくれるのです。

ハイエルボーで「トップ」に入った時には、後ろ手の肩甲骨を閉じる感覚を持つ

これは補足ですが、バットを構えて「トップ」の位置に入った時、後ろ手（右バッターの右手、左バッターの左手）の肘が上がっている状態の打ち方を「ハイエルボー」といい、この打ち方をする選手は結構います。

例えば、かつてメジャーリーグのニューヨーク・ヤンキースなどで活躍した松井秀喜さんや現在ロサンゼルス・エンゼルスで活躍中の大谷翔平選手、さらに読売ジャイアンツの坂本勇人選手などもみなハイエルボーです。

ハイエルボーにすると、バットでボールを捉える瞬間に後ろ手の腕を押し込みやすくな

る（パワーを伝えやすくなる）ので、後ろ手の押し込みが弱い選手にはこの打ち方はとても効果的だと思います。

また、トップの位置に入った時、腕のパワーがスムースにバットに伝わるよう、私はいつも「ハイエルボーにした腕の肩甲骨を閉じるように」と選手たちに指導しています。「肩甲骨を閉じる」とは、両方の肩甲骨を中央にある背骨に近づける（両肩を後ろに引く感じ）状態を指し、ハイエルボーで打つ場合は、肘を上げた側の肩甲骨だけを閉じるようにするとバットが出やすくなります。

さらに、ハイエルボーの注意点としては「肘を上げすぎないこと」が挙げられます。肘を上げるにしてもせいぜい肩のラインまでにしてください。それ以上、肘を上げすぎてしまうと、バットをスムースに振れなくなり、低目のボールにもまったく対応できなくなってしまいます。

「ハイエルボーは肩のラインまで」が鉄則ですので、忘れないでください。

高目、低目の打ち方

高低それぞれへのバットの出し方ですが、高目、真ん中、低目とバットの出し方はすべて同じではありません。高目の場合はバットのヘッドをやや立てながら（写真①）、真ん中はバットをレベルスイングで地面と平行に（写真②）、低目はヘッドを落として振ることが大切です（写真③）。

これがすべてバットのヘッドが下がった状態だと、とくに真ん中から高目に関しては打ち損じたり、ファールになったり、最悪のケースは空振りとなったりしてしまいますので（写真④）、高低によってきっちりと打ち分けられるようにならないといけません。バットのヘッドは低目から高目になっていくに従って「ヘッドが立っていく」ことを覚えておくといいと思います。

また、高目の場合、右バッターであれば引き手である左腕の脇がどうしても開いてしまいがちですが、そういった場合は脇をしっかりと締め、グリップの位置を下げながらボールを叩くような感覚でバットを出す練習を繰り返すといいでしょう（写真⑤）。

低目はヘッドを落として振る

真ん中はバットをレベルスイングで地面と平行に振る

高目はバットのヘッドをやや立てながら振る

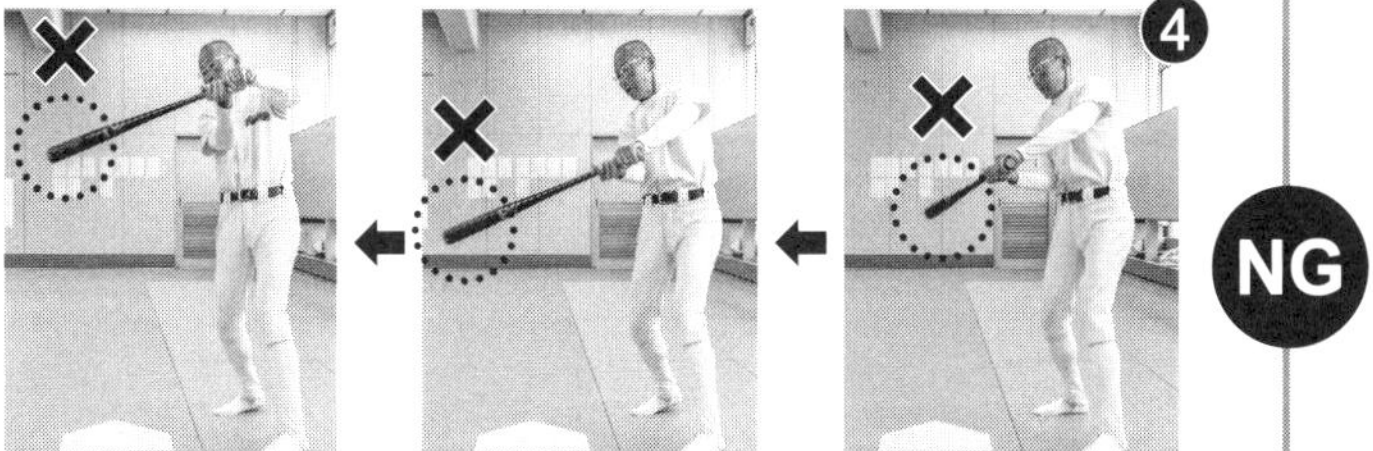

バットのヘッドが下がっていると、とくに真ん中から高目は打ち損じることが多い

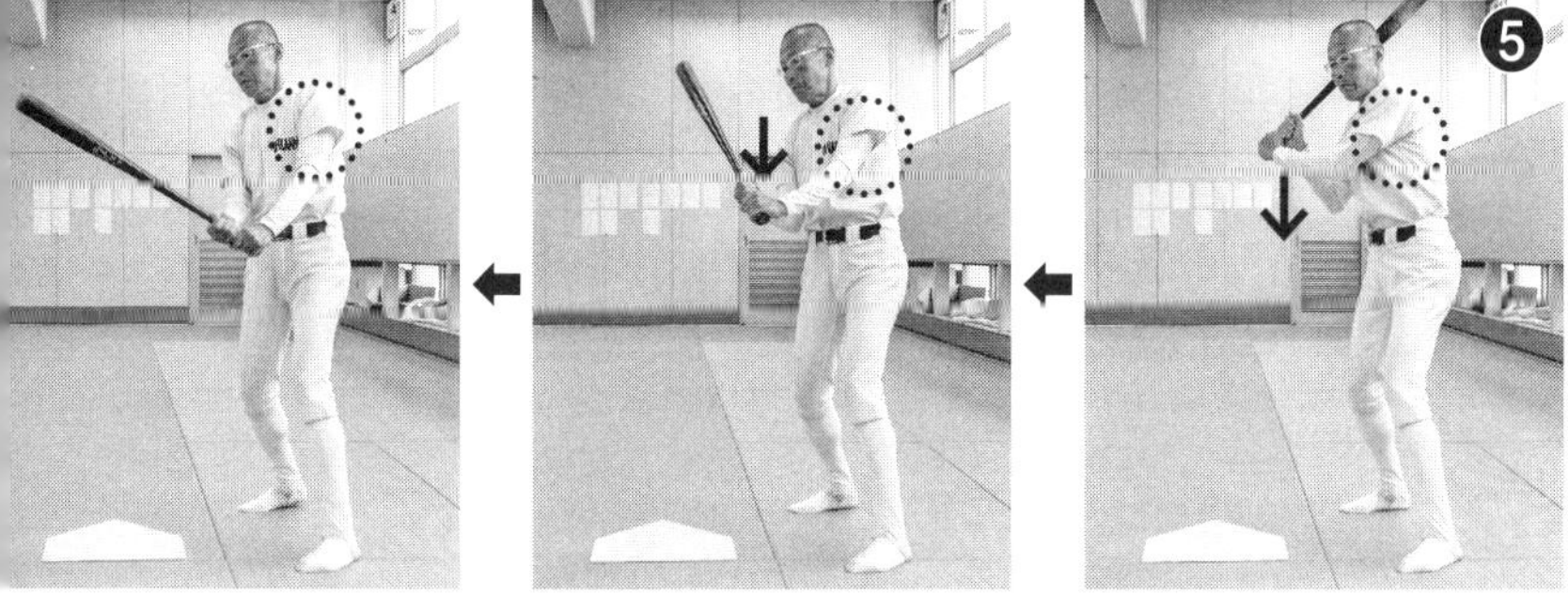

高目は脇をしっかり締め、グリップを下げながらボールを叩く感覚でバットを出す

インコース、アウトコースの打ち方

インコース、アウトコースの打ち分けですが、その基本となるのは「へその前でボールを捉える」ということです（写真①）。

そしてインコースからアウトコースへと、ボールが体から遠くなるに従って打つポイントは「キャッチャー寄り」になっていきますから、インコースはベースの前あたり（写真②）、真ん中はベースの上（写真③）、アウトコースはベースのやや後方（写真④）がそれぞれの打つポイントとなり、いずれもへそがポイント方向に向いていることが鉄則です。

アウトコースのボールを打つのに、へそが前を向いてしまっていたらバットが届きません（写真⑤）。また、それとは逆にインコースを打ちたいのに腰が回転せず、ヘソがベース方向を向いたままだと詰まった当たりになってしまいます（写真⑥）。

コースに合わせてへそをしっかりとポイントに向け、腰を回転させながら打つ。コースの打ち分けは、これが基本なので覚えておきましょう。

インコース、アウトコースにかかわらず、「へその前でボールを捉える」のが基本

インコースはベースの
前あたりで捉える

真ん中はベースの上で
捉える

アウトコースはベースの
やや後方で捉える

NG

へそが前を向いてしまってい
たら、アウトコースのボール
にバットが届かない

へそがベースを向いたままだ
と、腰が回転せずインコース
は詰まった当たりになる

変化球の打ち方

ひと昔前であれば、高校野球のピッチャーの球種はストレートとカーブの2種類がほとんどでしたが、今はピッチャーのレベルも上がり、カーブだけでなくスライダー、シュート、チェンジアップ、フォーク、スプリットなど球種がどんどん増えています。

ここではそんな「様々な変化球」に、いかに対応すればよいのかを解説していきたいと思います。

1 縦に落ちる変化球

縦に落ちる系の変化球を打つ時に大きなポイントとなるのが、「前足でいかに〝ため〟を作るか」という点です。踏み出した前足でしっかりと壁を作ることが肝心で（写真①）、これが崩れてしまうと泳いだ打ち方となり、いいバッティングはできません（写真②）。

踏み出した前足の膝が開くことなく十分な「ため」を作り、軸足で回転してボールを捉えることが重要です（写真③）。

前足でいかに「ため」を作るか、踏み出した前足でしっかりと壁を作ることが肝心
1

NG

2

前足の壁が崩れると体が泳いでしまい、いいバッティングはできない

3

前足の膝が開くことなく「ため」を作り、軸足で回転してボールを捉えることが重要

バッターがピッチャー有利のカウントに追い込まれた状態（0ボール2ストライクや1ボール2ストライクの状態）だと、縦のスライダーやフォーク、スプリットなど、落ちる系の決め球を投じられる可能性が高いですが、この時、バッターは基本的に「ストレート待ちの変化球対応」をしなければなりませんから、多少体勢を崩されることもあると思います。

この「体勢が崩れた時」に、前足の膝と股関節を少しゆるめるようにうまく使って、ボールを「拾うように打つ」、「前でボールを捌く」練習もしておく必要があります（写真④）。

この技術を身に付けておけば、追い込まれてからファールで粘ることもできますし、場合によっては外野の前に落ちる

体勢が崩れた時は、前足の膝と股関節をゆるめるようにうまく使い、拾うように打つ

ヒット、あるいはライン際へのヒットなどにすることもできます。

練習方法としては、ティーバッティングなどでわざと崩れた状態（体重が前足にかかってしまった状態）で打つ練習をするといいでしょう。この打撃は相手ピッチャーにプレッシャーを与える上でも有効な打撃なので、ぜひ身に付けてほしい技術です（第2章のＰ１４８でその練習方法を紹介しています）。

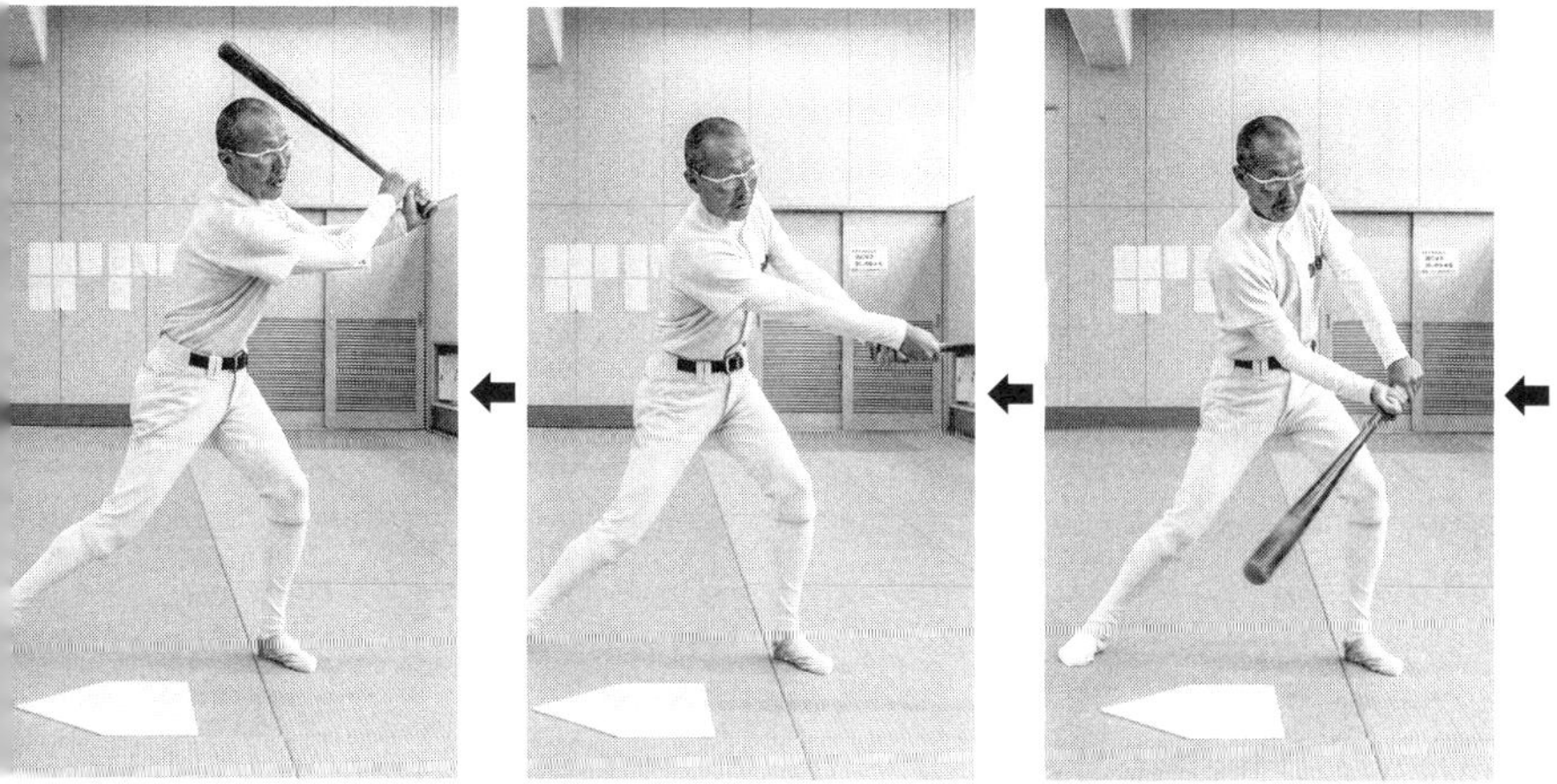

2 自分のほうに向かって曲がってくる変化球

右バッターが左ピッチャーのカーブやスライダーを打つ、あるいはその逆で左バッターが右ピッチャーのカーブやスライダーを打つ場合、投じられたボールは外側から内側に入ってくるような軌道を描きながら変化しますから、自分の体のほうに曲がってくることになります。

これを何も考えずに打ってしまえば、俗に言う「引っ掛けたバッティング」となり、右バッターならボテボテのサードゴロに打ち取られたり、あるいはファールになったりしてしまいます。

このように打ち取られてしまうことを避けるには、ボールの軌道に合わせて、バットを内から外へとスイング（グリップエンドからバットを出し、ヘッドがインサイドアウトの軌道を描くように振る）し、右バッターなら右中間方向、左バッターなら左中間方向を意識して打ち返すようにするといいでしょう（写真①）。

コツとしては、普段よりも体側に近いところにポイントを置き、逆方向へ打つイメージを強く持つことが大切です（写真②）。

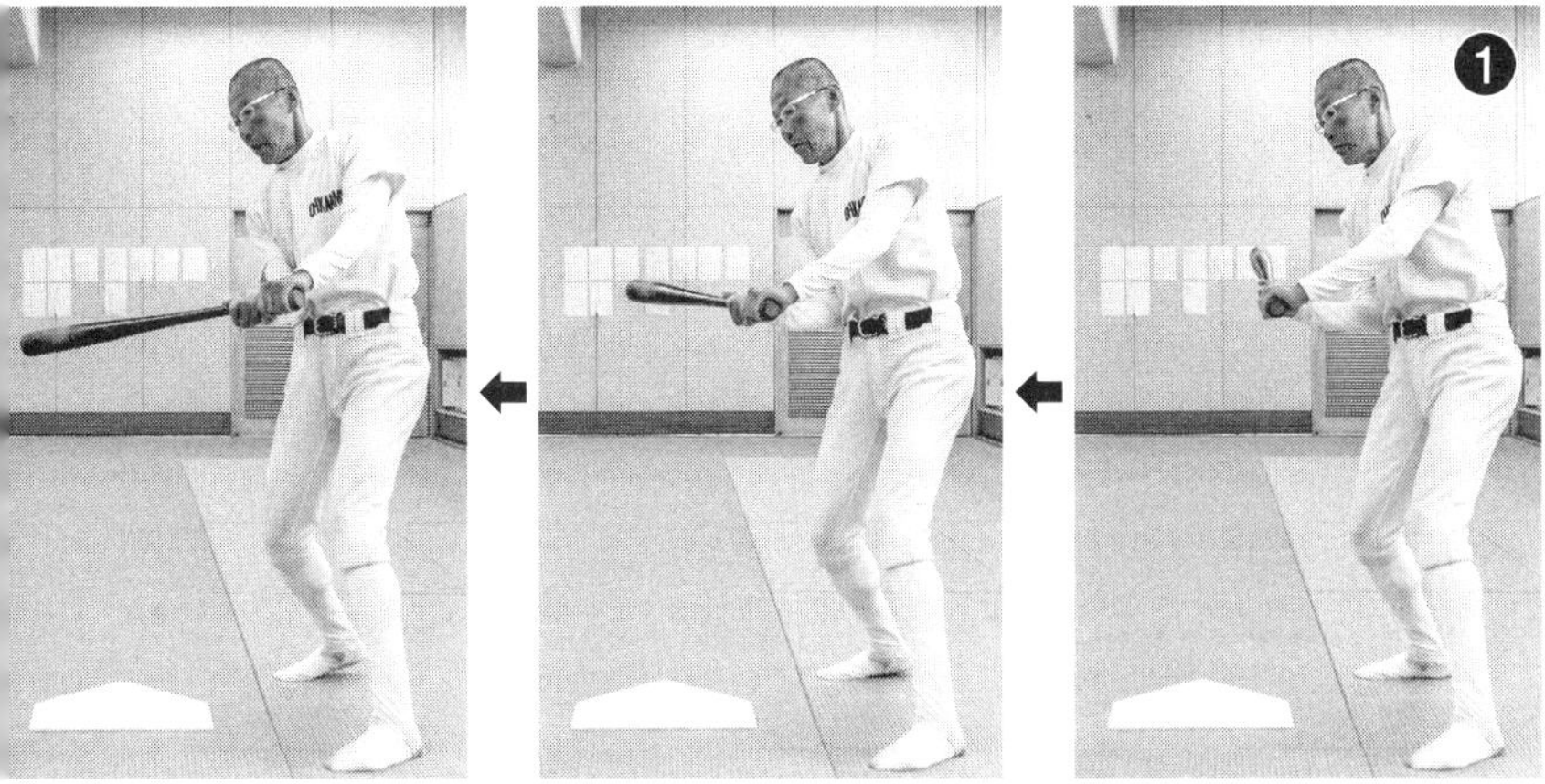

自分に向かって曲がってくる変化球は、ボールの軌道に合わせて内から外へスイング

普段よりも体側に近いところにポイントを置き、
逆方向へ打つイメージを強く持つのがコツ

3 自分から逃げていくように曲がる変化球

右対右、あるいは左対左の場合、よく曲がるカーブやスライダーを投じるピッチャーを攻略するには、バッターボックスはピッチャー寄りに立ち、前足をクロスぎみに踏み出し(写真①)、ボールに対する距離を縮めることが重要です。

この時、踏み込む足が開いてしまうと、ボールが自分の体から遠くなってバットが届かず(写真②)、しっかりと捉えることが難しくなってしまいます(バットの先端に引っ掛けてゴロになるような当たりになってしまいます)。自分から逃げていくように曲がる変化球に対しては勇気を持って踏み込み、ボールとの距離を短くし、ポイントをできるだけ体の近い位置にして逆方向を狙う。これが鉄則です。

変化球を打つ時は、向かってくる系、逃げていく系いずれの場合もストレートを打つ時よりもポイントはやや後ろ(キャッチャー寄り)となります(写真③)。

前で捉えてしまうとボールの見極めがしにくくなるだけでなく、体の軸がブレて泳ぐような体勢となり、強い打球を打つことができなくなってしまいます(写真④)。

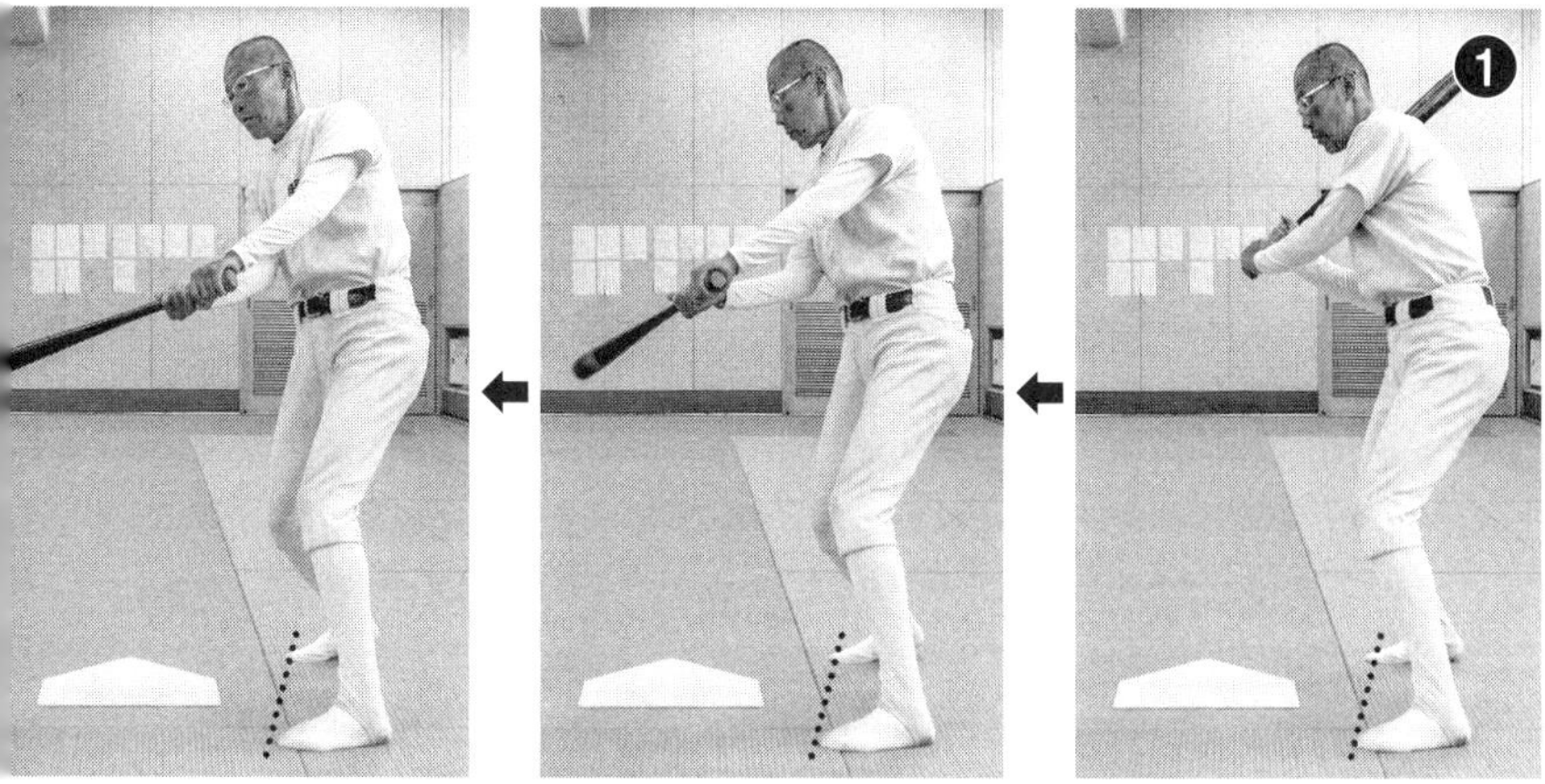

自分から逃げていく変化球は、前足をクロスぎみに踏み出してボールとの距離を縮める

踏み込む足が開いてしまうと、ボールが自分の体から遠くなってバットが届かない

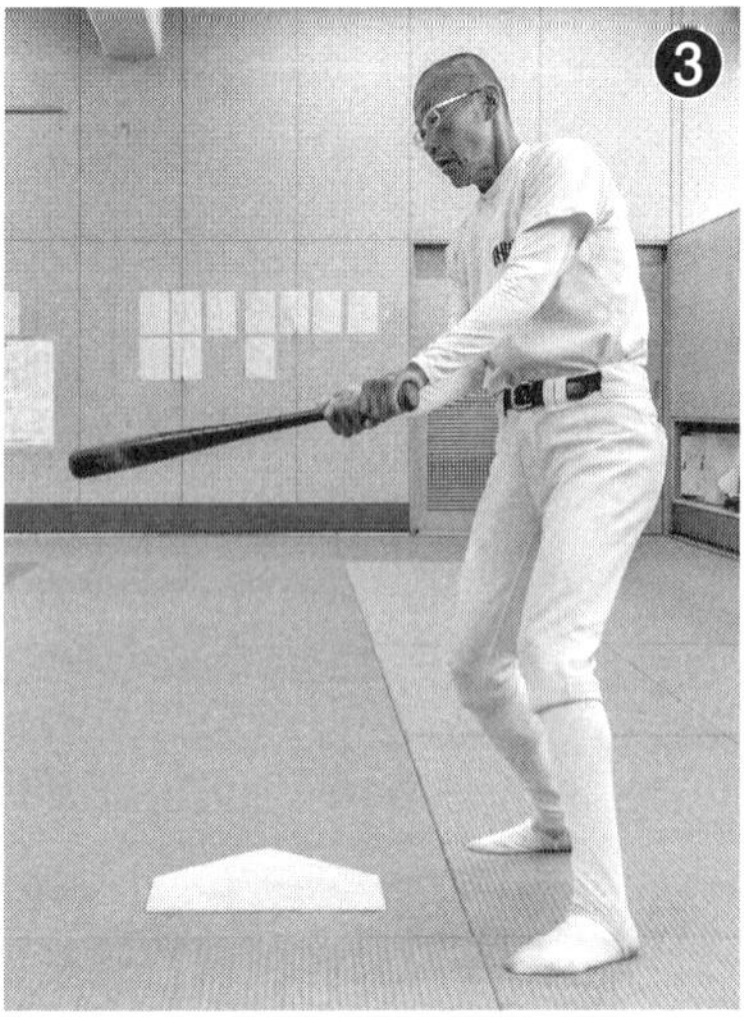

変化球を打つ時は、いずれの場合もストレートを打つ時よりもポイントはやや後ろ

❹ 前で捉えると、ボールを見極めづらいだけでなく、泳ぐような体勢となって強い打球を打てない

逆方向に打つコツ

右バッターがインコースから真ん中にかけてのボールを引っ張って、レフト方向に強い打球を打つ（左バッターならライト方向に）というのがひとつの理想ですが、近年、ピッチャーの攻め方として「アウトコース」がとても重要視されていますから、バッターはアウトコースにもしっかりと対応しなければなりません。その際に大切になってくるのが「逆方向へ打つ」というバッティングです。

アウトコースのボールを無理に引っ張ろうとすれば、当然バットの先端付近でボールを捉えることになり、右バッターであればサード、ショート方向のゴロとなる可能性が高くなってしまいます。

アウトコースのボールを逆らわずに逆方向へ打ち返すには、軸足にしっかりと重心を残して前足の内側で力を受け止める。そして、キャッチャー寄りのポイントでボールを捉え（写真①）、右手でバットを押し込みながらリストターンを行い、スイングの軌道を打球を飛ばしたい方向にフォロースルーしていくことが大切です（写真②）。踏み込む足をややファースト方向に踏み出す（左バッターはサード方向）とボールがより近くなり、捉えやすくなります。

この時、軸足に重心が残らず、前足に重心が行ってしまうと、しっかりとした強い打球が打てません（写真③）。よって普段から軸足に重心を残しつつ、アウトコースを逆方向へ打つイメージの素振りを繰り返すといいでしょう。そうすることで、足を踏み出した際に肩、腰、膝が開くことを防げるようになるはずです。

アウトコースのボールを逆方向へ打ち返すには、捕手寄りのポイントで捉える

逆方向に打つには、スイングの軌道を打球を飛ばしたい方向にフォロースルーしていく

軸足に重心が残らず、前足に重心が行ってしまうと、しっかりとした打球が打てない

打球を遠くに飛ばすコツ

近年、大冠は「強打のチーム」として知られるようになったため、他校の指導者の方々や選手たちなどから、

「打球を少しでも遠くに飛ばすにはどうしたらいいのですか？」

と聞かれることが増えました。

バッターの飛距離を伸ばすには、まずは体を大きくし、基本的なパワーを付ける必要があります。そしてその上で、バットのスイングスピードを上げ、ボールのやや下を叩く（バックスピンを与えるように打つ）感覚を覚え、フォロースルーも大きくしなければなりません。

また、私が大冠の選手たちによく言っているのは、

「後ろ手でバットをしっかり押し込むために、利き腕の肘（右バッターなら右肘）をへそに近づけるようにスイングしなさい」

ということです。

ボールをバットで捉える際、肘がへそのほうに向かっていけばバットのヘッドもスムー

スに出てきます。しかし、肘がへそではなく「下のほう（わき腹のほう）」に行ってしまう選手が少なくありません。こうなるとバットのヘッドが寝て、バットがスムースに出てこなくなってしまうのです。

さらに打球の飛距離を伸ばす上で、もうひとつ付け加えるとすれば「両手首をトンカチを打つ時のように使う」といいと思います。

トンカチを使う時、ボールを投げるように手首を前後に使う人はいません。トンカチを使う時は親指を上にして手のコックを使ってトンカチを振り下ろしますが、バットもあの要領で振れば、インパクトの瞬間により大きなパワーをボールに伝えることができるようになるのです。

大冠ではその手首の使い方を覚えてもらうための素振り（P131参照）や、コックを強くするためのトレーニング（タイヤ叩き。P156参照）を行っています。毎日このトレーニングを積み重ねている選手たちは、日に日に打球の飛距離を伸ばしていきます。

みなさんもぜひ、このトレーニング方法を試してみてください。

チームバッティングは繋がってはじめて「打線」になる

２０１７年夏の大会で大冠が決勝戦にまで駒を進められた大きな理由は、一番から九番までの打者が繋がり、「打線」になったからだと思っています。

あの大会では、それまで打線の繋がりを途中で分断してしまう存在だった下位打線のある選手と、「ピッチングはいいけど、バッティングはまったくダメ」なエースピッチャーがバッティングで奮起し、彼らが「打」の繋がりを「線」にしてくれました。そのおかげで東海大仰星、大阪偕星、上宮などの名だたる強豪私学にも打ち勝ち、決勝ではあの大阪桐蔭をギリギリまで追い詰めることができました。

打線は繋がってこその打線です。

ひとりかふたりのホームランバッターがいるだけでは、常勝チームを作ることはできません。打線を繋げ、機能させるようにするためには、一番から九番までそれぞれの打順の役割に適したバッターを、バランスよく配する必要があるのです。

それでは「各打順の役割」とは何なのでしょうか？

ここで、私が理想とする「打線」を打順の役割とともにご説明します。

まず攻撃の皮切り役となる一番バッターですが、かつては「俊足で巧打」の選手が重用される傾向がありました。しかし、私は「俊足で巧打」はもちろんなのですが、そこに「ホームランも打てて、選球眼のいい選手」という条件も加えたいと思います。

続く二番バッター。長い間この打順には「チームで一番小技のうまい選手」があてられていました。でも、今の時代の考え方はちょっと違います。メジャーリーグなどを見ていただいてもわかりますが、今は「長打の打てる二番バッター」がとても増えてきています。私もこの考え方には賛成で、「小技だけうまい選手」を二番にあててしまうと、ランナーがいる時にどうしても「バント」という戦術を選択したくなってしまいます。

しかし、私は無条件に相手に「1アウト」をプレゼントしてしまう「バント」という戦術にそれほど重きを置いていません。むしろ、ランナー一塁の時に長打を放ち、ランリー二・三塁にしてくれるバッターを私は二番に置きたいと考えています。一番打者に「ホームランも打てる選手」と条件を加えたのは、同様の考え方によります。

三番バッターには、私はチームでもっともバッティングのいい選手をあてます。私の考える「もっともいいバッター」とは打率が高く、長打力もあり、「ここ一番に強い」バッターのことです。

四番バッターは、長打力はチーム一で、三番バッターほど確実性はないけれども、振りが鋭く、一発を狙える打者がふさわしいと思います。プロ野球でいえば、北海道日本ハムファイターズの中田翔選手のような、構えただけで相手ピッチャーに威圧感を与えられるバッターです。四番に威圧感のあるバッターがいると、相手バッテリーは三番と勝負せざるを得ず、必然的に三番バッターの活躍する場面が増えてくるわけです。

五番バッターは、四番が不発に終わり残ったランナーをきっちり還せるような、勝負強いタイプがいいと思います。変化球に体勢を崩されても、片手一本で外野の前にポトリと打球を落とせるようなバッティング技術を持ち、なおかつ逆方向にもうまく打てるバッターだと理想的ですね。

六番バッターですが、私はなるべく俊足の左バッターにしたいと考えています。なぜなら、「ここからもう一度チャンスを作る」という役割が六番バッターであり、出塁率を上げるためには左バッターのほうが右よりも有利だからです。この考え方は、私の長年の経験から導き出されたものといっていいかもしれません。

六番バッターが裏の一番ということは、七・八・九番は「裏の二・三・四番」ということになります。ただ、九番バッターに関しては「何とかして一番バッターに回す」という大切な役割がありますから、単に「裏の四番」というだけでなく、俊足で、場合によってはセーフティバントなどの小技もできるようなバッターが望ましいでしょう。

「打」が繋がることで「打線」となり、チームの得点力はアップしていきます。

仮に一番から九番まで「四番バッター」タイプの強打者を並べたとしても、その打線は著しくバランスを欠いていますから、年間を通じて得点力がアップすることはきっとないはずです。

　また、ここで述べた「理想の打順」は私が大冠高校で培ってきた考え方でもあるので、これが他のチームにもそのまま当てはまるとは考えていません。「打線」は生き物ですから、そのチームのその時々の状況に応じて臨機応変に、打順をバランスよく組んでいくことが、常勝チームを作るためにもっとも大切なのだと思います。

第2章

大冠・東山流、超強力打線の作り方

数十種類のスイング練習で強打を育む

練習の7割はバッティング

大冠高校の校庭はサッカー部やソフトボール部なども共用しているため、平日は基本的にグラウンド全面を使ったフリーバッティングができません。選手たちが何も気にせず思いっきり打てるのは、平日6時から始まる朝練と土日祝の休日練習時だけです。

しかし、そんなグラウンド環境を嘆いていても何も始まりませんから、私は「限られた時間と限られた環境をいかにうまく使って練習するか」だけを考えて練習メニューを組むようにしています。

朝練と放課後の練習、そして休日の練習。この中で私たちは全体の7割をバッティング練習に、残りの3割をキャッチボール、ノック、フィールディング練習（基本姿勢や足捌きといった守備の基礎練習）に費やしています。

他の部活が併用している平日放課後の練習で行うフリーバッティングは、基本的にレフト方向に打つことができないので、右バッターは逆方向へ打つ練習に取り組みます。その中で、エンドランを意識して、逆方向へ転がすバッティング練習を行う時もあります。

バント練習に関しては、大冠ではバントだけを集中して練習することはありません。フリーバッティングを行う中で「最初の3球はバント」など、選手自身が自分で決めてバントの練習を行っています。

フリーバッティングを行う時は3つのゲージを用意し、3ヵ所で行います（うち1台はマシン）。それにプラスして一番端でロングティーを行う時もあります。

バッターはロングティーも含めた4ヵ所を巡りながら、ストレート打ち、変化球打ち、あるいはカウントを1－1、2－2などに設定するなど、目的を持って各ゲージで5〜10球ずつ、バッティング練習を行います。

ロングティーでは、長尺バットを使ってバッティングをさせています。長尺バットはヘッドが下がるとうまく振れません。つまり、長尺バットを使うことでヘッドを下げない、理想のレベルスイングができるようになります。

また、長尺バットを振ると、自分自身で「バットの軌道」の確認ができ、なおかつ「バットのしなり」を使ったバッティングも理解できるようになります。ヘッドを利かせて、バットを鞭のようにしならせて打つ感覚を覚えるには、長尺バットを使ったロングティーが最適だと思います。

振って振って振りまくれ！
――最低でも平日1000スイング

「打ち勝つ野球」を目指すようになってから、大冠では「最低でも平日1000スイング」を部員に課すようにしています。2017年の夏の大会で準優勝し、「大冠の強さの秘密は毎日1000～2000スイングしているからだ」と新聞やネットなどのメディアで度々取り上げられるようになりました。すると地域の「整骨院」を名乗る方々から「そんなにバットを振らせたら選手が故障しますよ」というような内容の電話が頻繁にくるようになったのです。しかし、いずれもクレームかと思いきやそんなことはなく、ほとんどが「でもね監督、うちに来ればすぐに治しますから」という営業の電話でした。

多くの方々が誤解されているようなのでここできちんとご説明しますが、大冠の「平日1000スイング」とは、すべてを「素振り」でこなすわけではありません。1000スイングにはフリーバッティングやティーバッティングといった「バッティング練習」の本数も含まれています。それらをトータルし、「平日は1000スイング、休日は2000スイング、さらに夏休みや冬休みといった休み期間中は3000スイング」という数字を目標に設定しているのです。

選手たちが毎日どれだけスイングしたかを確認できるよう、グラウンドの脇にスイング数と体重を書き込める表を掲示しています。3学年が揃う春から夏にかけて、野球部は部員数が100名を超えるため、1000スイングのクリアは体力的にも、時間的にも決して容易ではありません。しかし選手それぞれが朝練に早めに来たり、昼休みに素振りをしたりと、限られた時間を有効に使って目標のクリアに励んでくれています。ちなみにもっともスイングする選手で、休み期間中に3500本を振る選手がいます。そういった努力を地道に続けられる選手は、実力を着実に伸ばしていきます。

一見無茶にも思える「最低でも平日1000スイング」を私がなぜ選手たちにさせているのかといえば、それは第1章でもご説明した通り、私の理想とする「引き付けて打つ」というバッティングを選手たちに実践してもらうためです。引き付けて打つには、何よりもスイングスピードを上げる必要があります。スイングスピードを上げるためにはまず「正しいスイング」を選手たちに理解してもらい、その上での「(スイングするための)筋力アップ」が欠かせません。スイングするための筋力を付けるには、「バットを振る」ことが一番です。野球で必要な筋力を付けるには、適度なウェイトと体幹トレーニング、そして打撃なら「スイング」、投球なら「スローイング(遠投含む)」をするのが一番効果的な方法だと私は考えています。

さらに、大冠には素振りの方法だけでも14種を実践している他、ティーバッティングも

12種のやり方を使い分けています。ただやみくもに「1000スイング」させているのではなく、その選手の「長所を伸ばし、欠点を克服するため」に、なおかつ「体のバランス」を考えながらスイングをさせているのです（素振りやティーバッティングの方法については後述します）。

6種のバットを使い分け、選手の長所を伸ばす！

大冠では普段、通常の金属バットに加え、特徴のある6種のバットを使い分け、バッティング練習を行っています。

❶バットの長さが短く、グリップがふたつあるバット（写真右端）

このバットは両手を離してバットを持つことによって、リストターンの時のヘッドの利かせ方を体で覚えることができます。リストターンがうまくできない選手、あるいは「ヘッドを利かせて飛距離を伸ばしたい」と思っている選手に有効です。

❷短いバット（写真右から2番目）

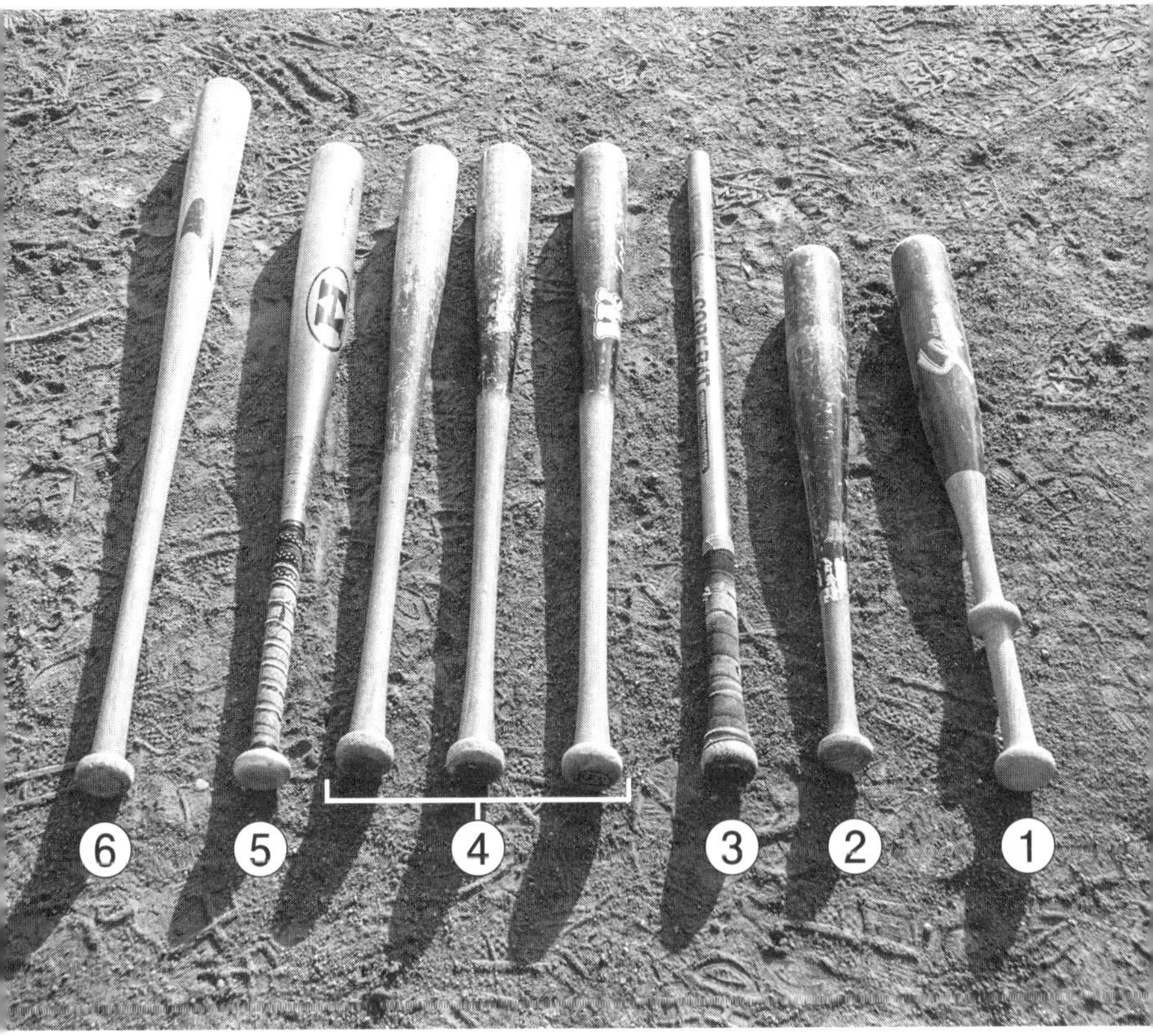
6
5
4
3
2
1

短いバットは両腕の動きそれぞれを確認、強化するためのバットです。バッティングの時にバットを引く前の腕、さらにバットを押し込む後ろの腕の使い方それぞれを確認しながら、正しい動きを身に付けることができます。重いバットを使うと脇が開いてしまったり、あるいはヘッドが下がったりしてしまいますが、この短いバットは重量もほどよく、片腕で使うのに適しています。素振りやティーバッティングで使っています。

❸鉄バット（写真右から3番目）

この鉄バットは重量が1・8キロあり、大冠にあるバットの中で最重量です。本校ではこのバットを使って素振りだけでなく、ティーバッティングも行います。通常のバットよりも細いのでボールを打つのが難しく、なおかつ重量もあるのでしっかり打つことは容易ではありませんが、振り込んでいくことで重さに負けないスイングができるようになっていきます。

❹マスコットバット3種（写真右から4～6番目）

大冠ではマスコットバットも3種（それぞれ1・2、1・4、1・7キロ）用意しています。中学を卒業したばかりの1年生は筋力もなく、いきなり1・7キロのマスコットバットを振ることはできませんし、私が無理強いすることもありません。選手たちには自分の筋力に応じて、3種のマスコットバットを使い分けるように指導しています。バットを徐々に重くしていくことで筋力を付け、ヘッドスピードを上げていく。ケガには気を付ける必要がありますが、力強いスイングを身に付けていくためには、最低この3種は必要だと考えています

❺ 1・2キロの金属バット（写真左から2番目）

通常の金属バットは重量が1キロ弱ですが、このバットはマスコットバット並みの1・2キロあります。主に冬場のフリーバッティングで使用しています。このバットは重いだけではなく、打球が飛ばないように作られているので、他の部活とグラウンドを併用している時のフリーバッティングなどにも適しています。

❻ 長尺バット（写真左端）

長さが1mある長尺バットです。このバットを振ることによって、遠心力を使ってバットを振る感覚、ヘッドが遅れて出てくる感覚、バットのしなりを使って打つ感覚など、バッティングの際に必要な大切な感覚を体で覚えることができます。入部したての1年生に使わせるとヘッドが下がり、スイングの軌道も一定しませんが、振り込むことによってレベルスイングの軌道でしっかりと振れるようになります。これは、素振りやティーバッテ

ィングで使います。

また本校では、対外試合が禁止となる12月に入ると、通常の金属バットを含め、1・2キロ未満のバットはすべて倉庫にしまって取り出せないようにします。こうすることで選手たちから「ちょっときついから軽いバットにしておこう」という甘えがなくなり、重いバットを振るという覚悟が生まれてきます。

夏休み、冬休みの期間中は3000スイングを目標に設定していますが、重いバットしか振れない冬休みのほうが選手たちには堪えるようです。しかし、そんなハードな冬をクリアし、春になるとどの選手もスイングスピードが格段に上がり、打球を遠くまで飛ばせるようになっています。冬が終わり、私は選手たちのそんな「変化」と「成長」を見るのがとても楽しみです。

大冠二大名物その①「14種の素振り」

限られた時間と空間を有効に使うため、大冠にとって素振りはバッティングの向上に欠かせないメニューとなっています。しかし、ただやみくもにバットを振っているだけでは正しいスイングも、バランスの取れた筋力も身に付きません。そこで私は選手たちに14種類の方法をベースに、素振りをするよう指導しています。ここではその14種の素振りのご説明をしたいと思います。

1 重心を落としてのスイング

重心を落とし、体重を前足から後ろ足へと移し、そこからスイングします。軸足へと重心を移した時にしっかりと体をねじり（「割り」を作る）、「トップ」の位置をしっかりキープしてからスイングするようにしましょう。

体のねじりから腰を回転させ、力強いスイングを生むための素振りです。「1、2、3」と声を出しながら行います。

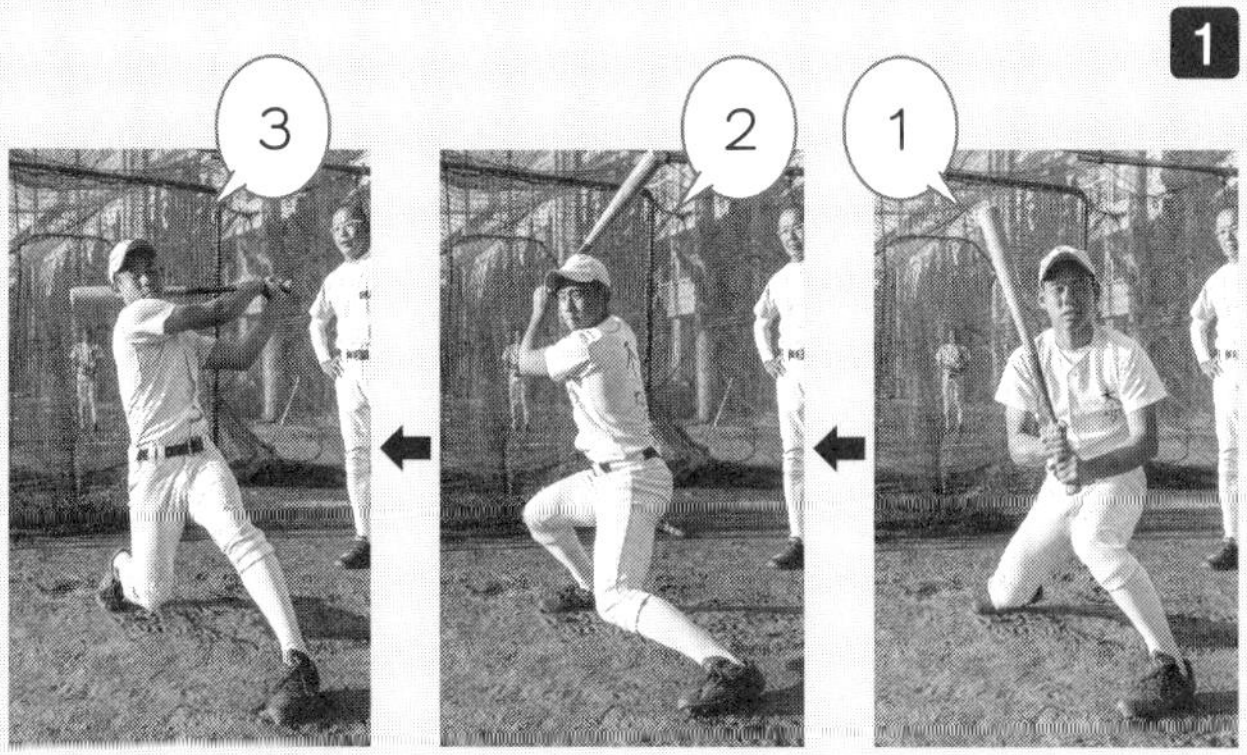

重心を落とし、体重を前足から後ろ足へ移して振ることで、力強いスイングを生む

2 「割り」を作るスイング

バッティングに欠かせない「割り」を身に付けるための素振りです。「1、2、3」と声を出してタイミングを取りながら、「1」で投手のように足を高く上げ、「2」で上げた足を着地、「3」でスイングします。

この「2」の時にしっかりと「トップ」の位置を作り、足が先に出て、下半身→上半身へと動きが連動していくようにしましょう。

2

しっかりトップの位置を作り、下半身→上半身へと動きが連動していくようにする

3 跳ねて体重移動しながらのスイング

軸足に体重をしっかりと乗せ、その時に体の芯がブレないようにするための素振りです。

これも声を出してタイミングを取りながら、「1」で後ろ足（軸足）、「2」で前足と順番に跳ねて、しっかり軸足に重心を乗せた状態にして、「3」でスイングをします。

3

ジャンプした後、しっかり軸足に重心を乗せた状態にしてスイングする

4 前足の壁を作るスイング

バッティングでは、軸足にしっかりとためこんだ力を、体の回転（ねじり）によって解き放っていきます。

その時に大切なのが、軸足のパワーを前足の内側で受け止めること（壁を作ってそこで受け止めるというイメージ）です（写真①）。この動きを強調させて、体に覚えさせるための素振りです。

コツとしては、軸足をやや前足方向にステップさせて、前足の内側に軸足の膝をぶつけていくイメージで重心移動をしてください（写真②）。

4

前足の内側に軸足の膝をぶつけていくイメージで、重心移動を行う

軸足のパワーを前足の内側で受け止めることを、体に覚えさせる

5 両腕の正しい動きを身に付けるスイング

バッティングでは引き手（バットを引く腕。右バッターなら左腕）と利き手（バットを押し込む腕。右バッターなら右腕）の動きが正しくリンクしなければ強い打球を放つことはできません。その両腕それぞれの正しい動きをマスターするための素振りです。

「1、2、3」のタイミングで振ってください。「1」で引き手でスイング、「2」で利き手でスイング、「3」で両腕でスイングします。この3つが1セットで、それを繰り返します。

注意点としては引き手の脇が開かない

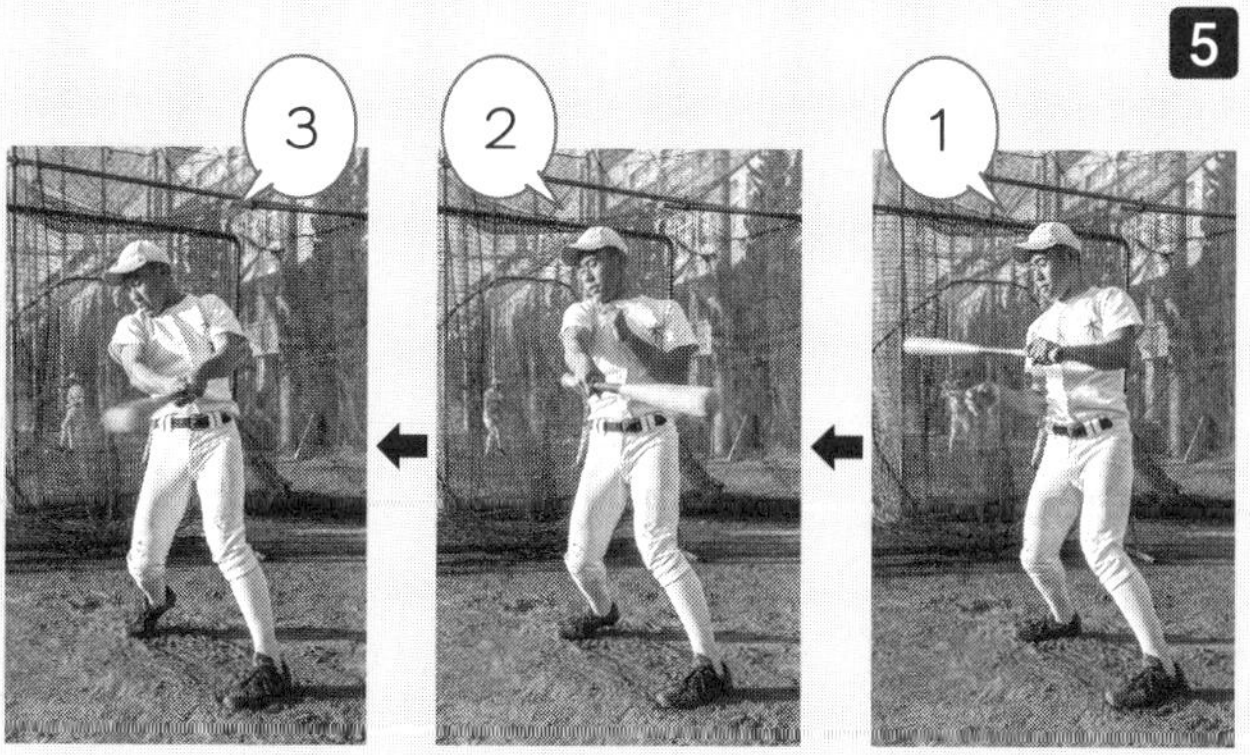

引き手の脇が開かないように、利き手は肘をへそのほうに近づけるように腕を動かす

ように、さらに利き手を前に送る際、肘をへそのほうにしっかり近づけるように腕を動かしてください。そうしないと、バットのヘッドが下がってアッパーになったり、フォロースルーで波打つような弱いスイングになったりします。

6 バットを逆手に握ってのスイング

通常、右バッターならバットのグリップは右手が上、左手が下で握ります。このスイングではそれを逆にして素振りをします。

「引き手の脇がどうしても開いてしまう」という選手の修正にとても効果的な素振りです。

6

引き手の脇がどうしても開いてしまう選手の修正にとても効果的

7 握りを離してのスイング

　ボールをバットで捉えたインパクトの後、しっかりとリストターン（利き手の押し込みと返し）することで打球に勢いが生まれます。しかし、このリストターンが遅いために、バットのヘッドが十分に返らない選手が結構います。

　このスイングはそんな選手たちに「正しいリストターン」を覚えてもらうための素振りです。グリップは両手を離して握り（写真①）、手首を返す時の動きを体に覚え込ませます（写真②）。

　また、この素振りでは引き手の脇が閉まり、ヘッドの走りがよくなるという効果も生まれます。本校では、両手を離し

7

正しいリストターンを覚えるために、グリップは両手を離して握る

バットのヘッドがしっかりと返る動きを体に覚え込ませる

て2回振った後、通常のスイングを1回するというのを1セットとして、これを何セットか繰り返し行います。

8 連続スイング

バッティングの際、その芯となる「体の軸」がブレないようにするための素振りです。頭から股の中央に杭が刺さっている感覚で、体をブラさずに10回1セットで早振りします。

この時、軸足に体重が乗っている時は前足のかかとを浮かせ、バットを振り出して軸足のかかとが浮いた時に前足のかかとは地面に着けるという動きをしっかりするようにしてください。

注意点としては、体が前後しないよう

トップを正しい位置に持ってきて、体が前後しないよう下半身の回転でしっかり振る

下半身の回転でしっかり振ることと、1回1回必ず「トップ」を正しい位置まで持っていくということです。

9 リスト強化スイング

バッティングで重要な動きをするリストを強化するための素振りです。

下半身と腰の回転は使わず、上半身（とくに肩、肘、手首）の力だけでバットを振るようにしてください。

下半身と腰の回転は使わず、上半身（とくに肩、肘、手首）の力だけでバットを振る

10 インサイドアウトを覚えるスイング

正しいバットの軌道である「インサイドアウト」を覚えるための素振りです。「インサイドアウト」とは、体に近いところからバットのグリップエンドを出し、そのままやや遅れてヘッドが出てきてインパクトの瞬間へと繋がっていくスイングの軌道のことで、それをこの素振りによって身に付けるのです。

まず、バットを肩に乗せ、両脇を締めた状態でバットを振り始め（グリップエンドがまず前に出てきます）、そのまま振り切ります。バッティングの際、引き手の肘が真っ直ぐに伸びてしまい、ドア

10

両脇を締めた状態で振り始め、インサイドアウトの正しいバット軌道を身に付ける

スイングになりがちな選手にとても効果のある素振りです。

11 コックの使い方を覚えるスイング

インパクトの瞬間に体の力を最大限ボールに伝えるためには、杭《くい》を打つようにバットを使うのが基本です（写真①）。

この素振りをすれば、その手首の使い方を覚えることができます。バットを上に構え（写真②）、そこから肘、肩、手首を連動させ、ヘッドが一番最後に出てくるようにバットを上から下へと振り下ろします。この縦スイングを2回、「8の字」を描くように行ってから（写真③）、通常のスイングへと繋げていきます。

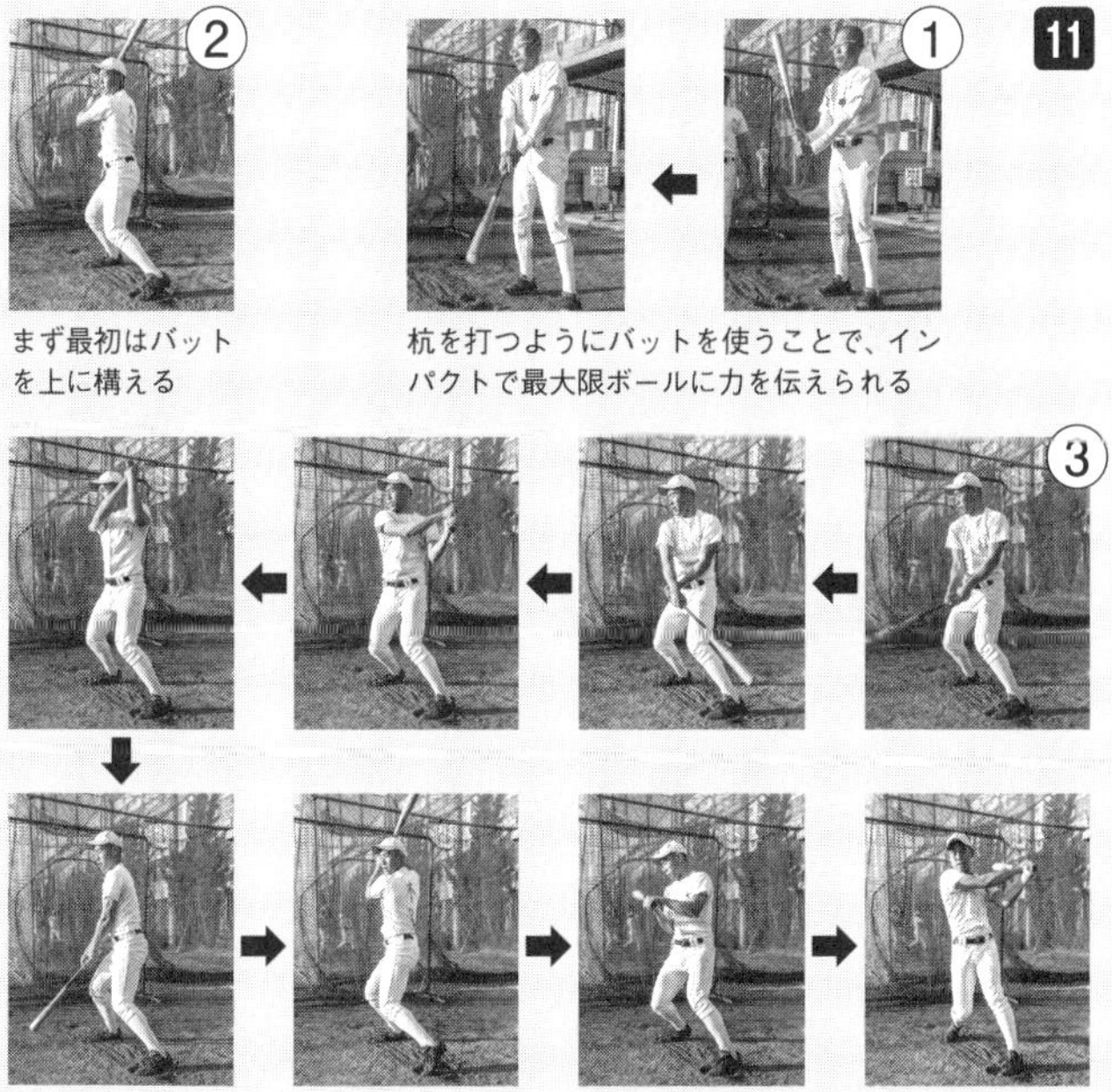

杭を打つようにバットを使うことで、インパクトで最大限ボールに力を伝えられる

まず最初はバットを上に構える

縦スイングを２回、「８の字」を描くように行ってから通常のスイングへと繋げる

⑫ バスタースイング

体のねじりを使ってパワーを生み出すことを覚える素振りです。

バッティングのバスターの構えから、体をねじってしっかり「トップ」の位置を作り、強くスイングします。

⑫

バスターの構えから、体のねじりを使ってパワーを生み出すことを覚える

⑬ 歩行二本振り

これはバットを二本持ち、歩きながら右に、左にとスイングを繰り返す練習です。この素振りでは、リストと腰の回転力の強化はもちろんですが、回転軸がブレないようになる効果があります。

また、普段のスイングは一方向のみですから、体の筋力バランスを整える上でも意味のある練習です。

やり方としては、歩行しながら左足を踏み出したら右スイング、右足を踏み出したら左スイングと、交互に繰り返しながら進んでいきます。大冠ではこれを30m、もしくは50mのパターンでやっています。

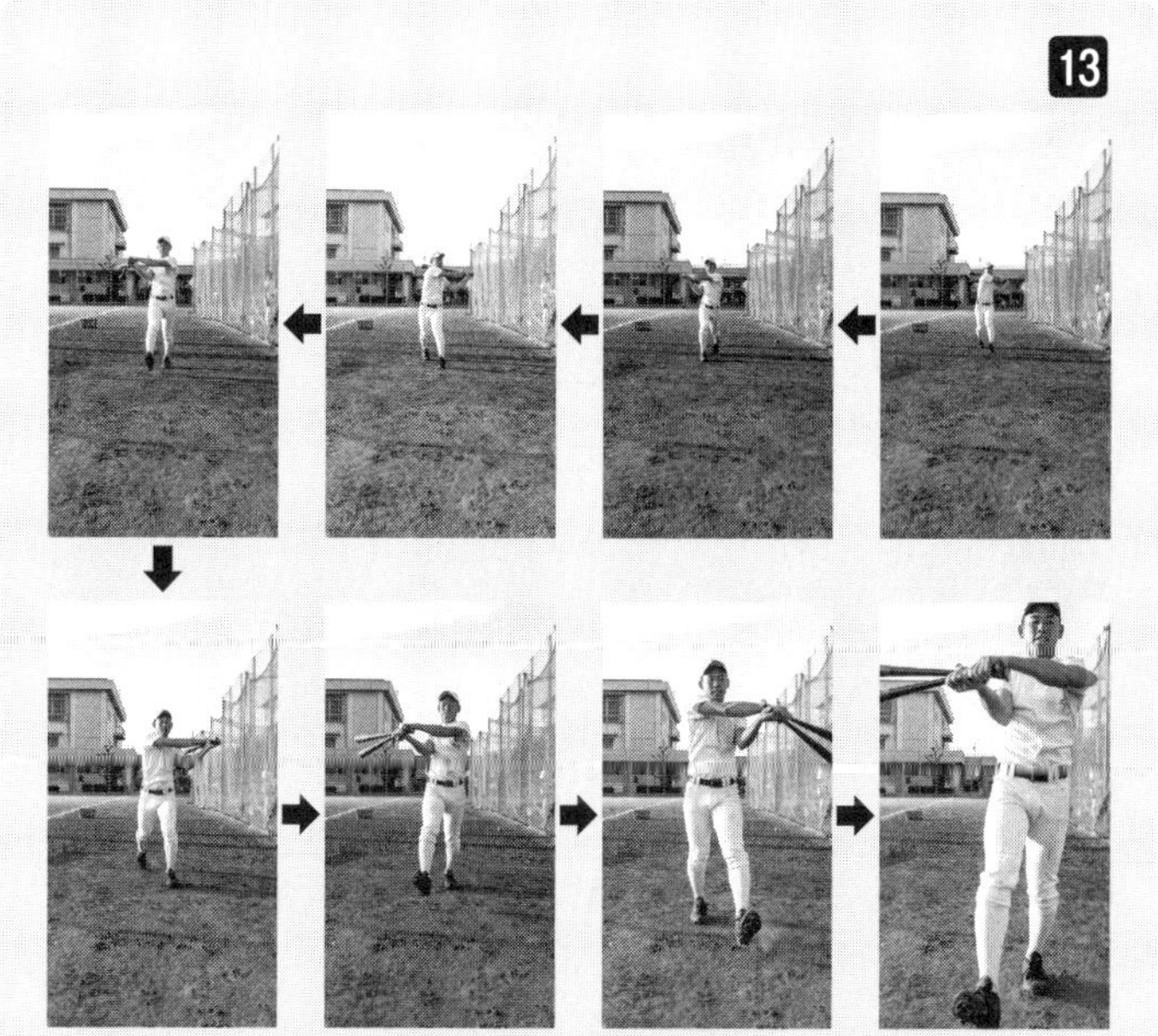

歩きながら右に、左にとスイングを繰り返すことで、回転軸がブレないようにする

14 ステップスイング

　ステップをして前に踏み込みながら「割り」を作ることを強調し、ためる感覚を養うための素振りです。

　前足起動でステップし、2ステップ目の前足を踏み込んだ時にしっかりと割りを作り、そこから鋭くスイングする。前へ進んでいきながら、これを繰り返し行います。

※いずれの素振りも、この後ご紹介するティーバッティングも、すべて動画でご説明しています。下のＱＲコードをスマートフォンなどで読み込んでください。

14

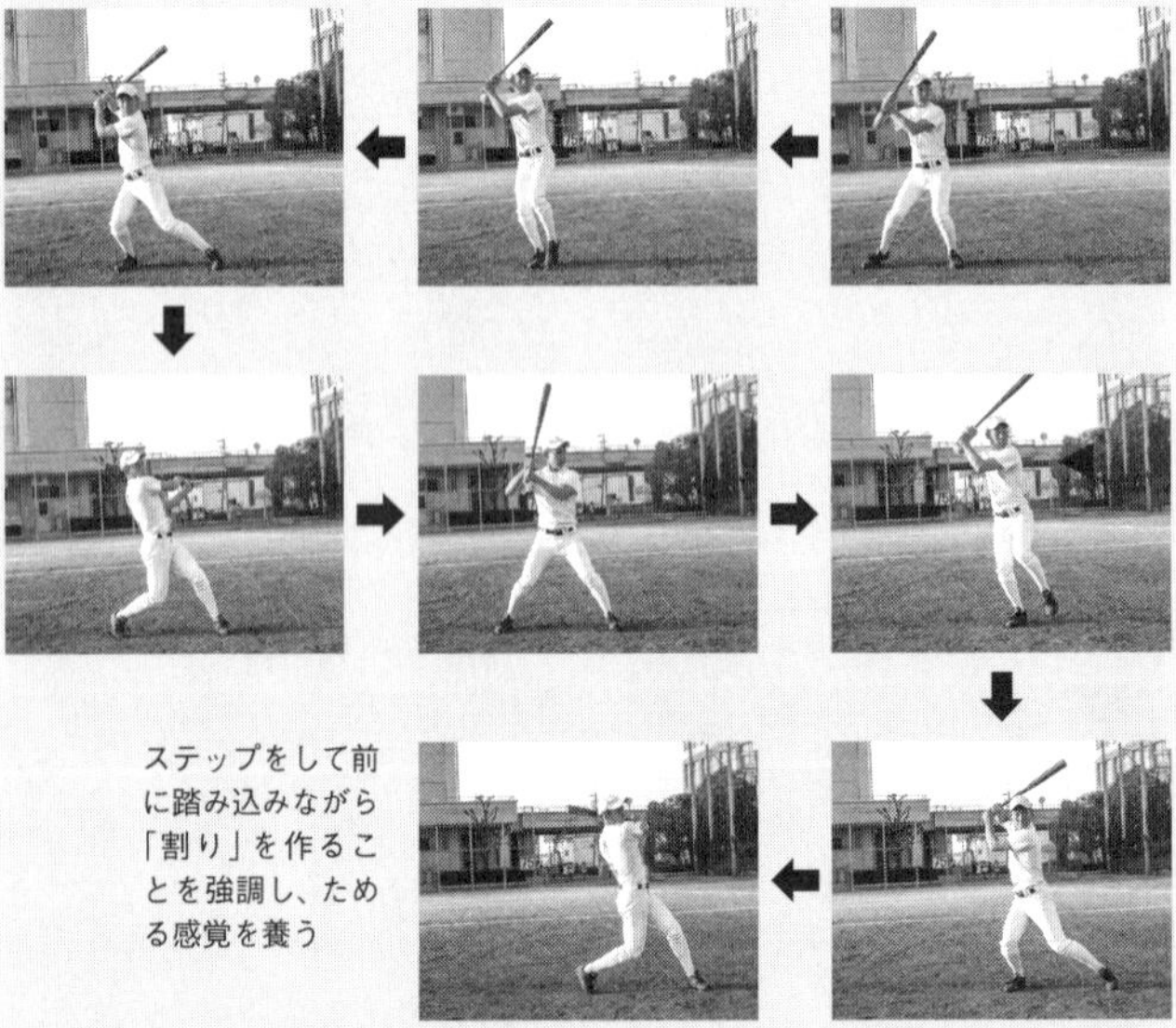

ステップをして前に踏み込みながら「割り」を作ることを強調し、ためる感覚を養う

鏡を使った素振りでフォームチェック

鏡を使った素振りは、自分のフォームを確認しながらスイングできるので、スイングの修正にとても有効な練習です（鏡がなければガラス扉に反射した自分を見るなど、身のまわりにある「自分が映るもの」なら何でもいいと思います）。

鏡を見ることによって、自分の構え方やスイングフォームのチェックが容易になります。まず、構えた時、前屈みになりすぎていないか、あるいは後ろに反りすぎていないかをチェックしてください（写真①）。

そして次に、「トップ」に入った時のバットのヘッドの位置の修正をします。正面から見た時、横から見た時それぞれに、バットが寝すぎていないか、あるいは立ちすぎていないかをチェックしましょう（写真②）。

横から見た時はグリップの位置やバットの角度、トップに入った時に「割りの姿勢」がちゃんとできているかもチェックしてください（写真③）。

スイングに入ってからのチェックポイントとしては、正面から見た場合は右肩が下がっていないか（左バッターなら左肩）どうか（写真④）。横から見た場合は軸足の膝の角度と体の状態（反りすぎていたり前屈みになってしまっていたり）を確認し（写真⑤⑥）、フォームが悪ければ修正するようにしましょう。

構えた時、前屈みになりすぎたり、後ろに反りすぎたりするのはよくない

トップに入った時に、バットが寝すぎていないか、立ちすぎていないかをチェックする

横から見た時は、グリップの位置やバットの角度、「割りの姿勢」をチェックする

スイングに入ってから、右肩が下がっているのはよくない

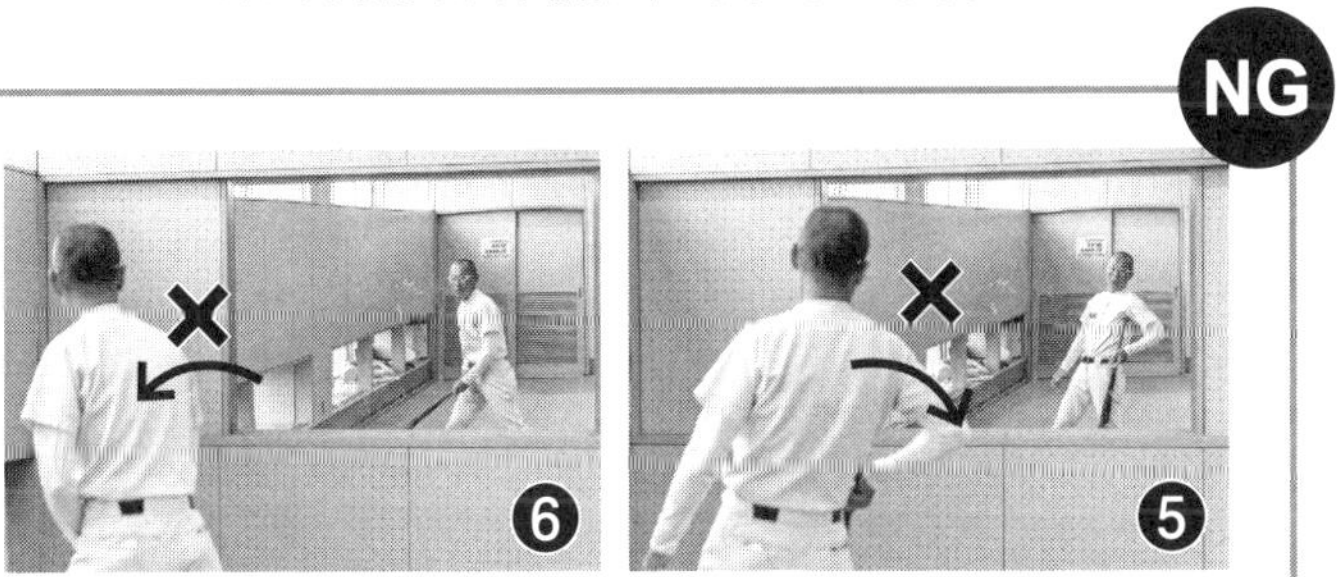

体が反りすぎたり、前屈みになったりしている場合はフォームを修正する

大冠二大名物その②「12種のティーバッティング」

素振り同様、大冠では様々なティーバッティングメニューをこなすことで、各選手が打撃向上を図っています。ここではその12種のティーバッティングをご紹介します。

1 真横から投げるティー

「引き付けて打つ」というバッティングは「ポイントが前」ではなく「ポイントが後ろ」となります。

通常の斜め前から投げるティーでは「ポイントが前」のバッティングになりがちです。

なるべくボールを後ろで捉える感覚を身に付けるため、真横から投げるこのテ

1

真横から投げるティーで、なるべくボールを後ろで捉える感覚を身に付ける

ィーで「後ろ」のポイントを体で覚えるようにしています。

2 ノーマルなティー

一番スタンダードなティーバッティングです。

バッターはネットに対してスクエアに構え、斜め前から投じられたボールを、センター返しのイメージで打ち返していくのが基本です。

2

ネットに対してスクエアに構え、センター返しのイメージで打ち返すのが基本

3 クロスぎみに立つティー

バッターはネットに対してクロスぎみに立ちます（写真①）。

そうするとネットは右打者であればレフト方向に位置するため、バッターは投じられた球を「引っ張る」というイメージで打ちます（写真②）。

インコースのボールをしっかりと脇を締め、腰を回転させて打つという動きを覚えるのと同時に、インコースはポイントがやや前になりますから、そのポイントを覚えることもできます。

3

打者はネットに対してクロスぎみに立ち、引っ張るイメージで打つ

インコースのボールを脇を締め、腰を回転させて打つという動きを覚える

4 オープンぎみに立つティー

ネットに対してオープンぎみに立つことで、今度は逆方向を意識したバッティング練習をすることができます（写真①）。右バッターであればライト方向へのバッティング、いわゆる「右打ち」となり、おっつけて打つポイントを体で覚えることができるわけです（写真②）。

アウトコースのボールを打つ場合は、ポイントがややキャッチャー寄りとなります。後ろ寄りのそのポイントを、トス上げする選手も打者も意識しながら行うことが重要になります（写真③）。

4

ネットに対してオープンぎみに立ち、逆方向を意識したバッティングをする

逆方向におっつけて打つポイントを体で覚えることができる

トス上げする選手も打者も、後ろ寄りのポイントを意識しながら行うことが重要

5 3方向への バスターヒッティングの練習

バントの構えからヒッティングに移る「バスター」の練習となるティーです。

2～4でご説明した3方向に打ち分けるやり方（ネットに対する体の角度を変える）で行うことで、コースに逆らわず、右方向、左方向へと打球を飛ばす、あるいは実戦では進塁打でゴロを転がすという技術を体で覚えることができます（写真①～③）。

5

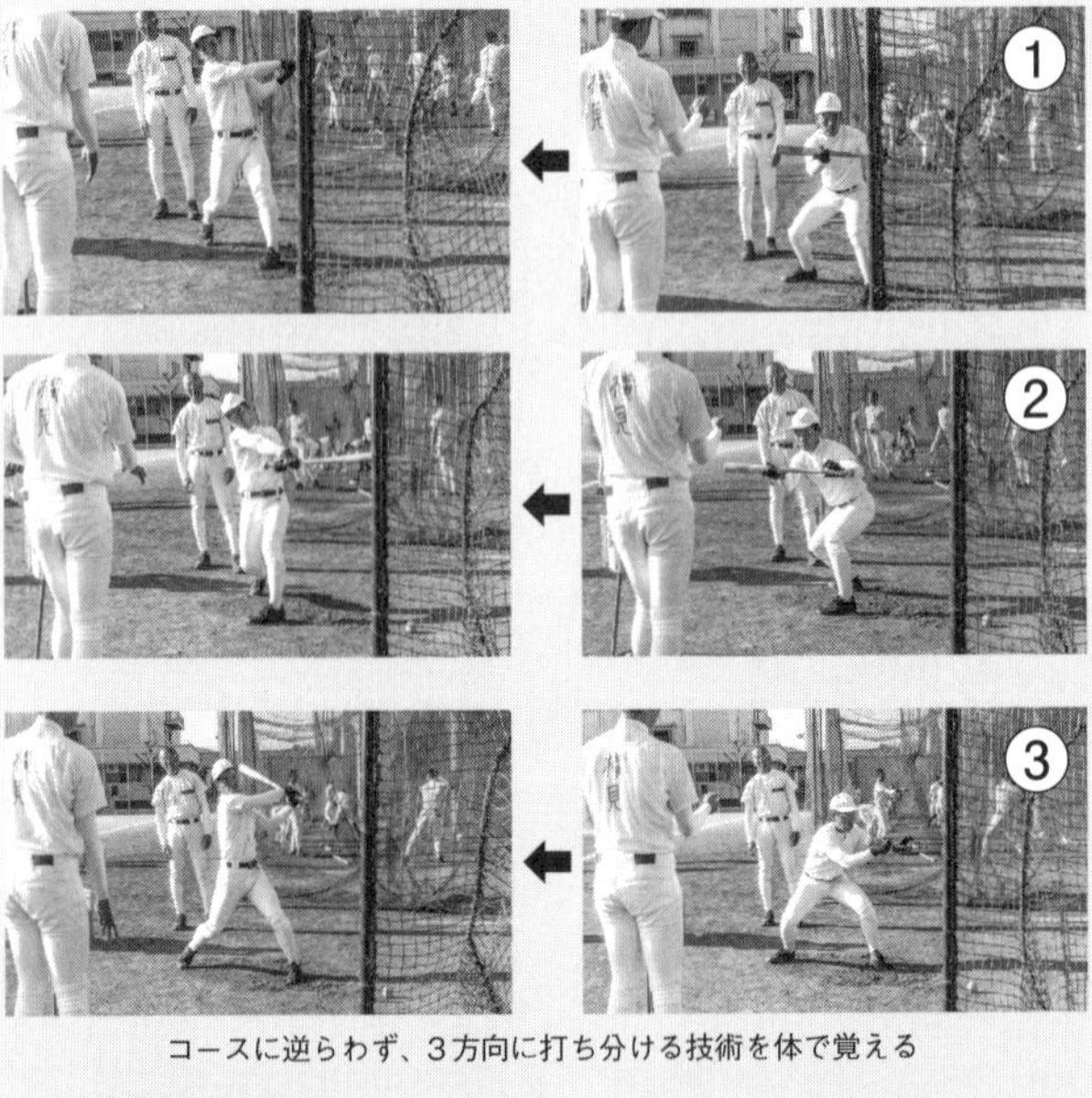

コースに逆らわず、3方向に打ち分ける技術を体で覚える

6 連続打ち

この練習の目的はスイングスピードを上げることと、しっかり「トップ」の位置を作ること、さらにはブレない回転軸を作ることにあります。

やり方は1の真横あたりから投げる形でボールを投じ、それを4～5球ずつ連続で打っていきます。頭の先からお尻に杭が刺さっているイメージで回転軸を意識して（写真①）、下半身のねじりで素早くスイングしていくのがポイントです。

入学したての1年生などで、軸がブレやすい、重心（腰の位置）が前後に動いてしまうといった選手（写真②）のフォーム修正にも最適の練習方法です。

6

体の中心に杭が刺さっているイメージで、回転軸を意識して素早くスイングする

重心が前後に動いてしまう選手のフォーム修正にも最適

7 高低の連続打ち

6の連続打ちに、今度はいろんな高さ（高目、真ん中、低目）にボールを投げ分けていきます。

投げ分けをランダムに行うことで、正しいバットコントロールを身に付け、かつ実戦でのバッターの適応力を磨いていくティーです。

7

高低にボールをランダムに投げ分けることで、実戦での適応力を磨く

8 バッターの背後から投げるティー（その❶変則ピッチャーのストレート想定）

投げ手はバッターの背後からボールを投じ、バッターはネットに向かって打ち返します。

これは右のサイドスロー、あるいはアンダースローのピッチャーを想定したバッティング練習です。投げ手が低い弾道でボールを投じれば、それがストレート想定となります。

8

打者の背後からボールを投じることで、変則投手のストレート想定の練習となる

❾ バッターの背後から投げるティー（その❷変則ピッチャーの変化球想定）

❽のやり方で、さらにボールを浮かせてアウトコースに投げればそれは「逃げていく変化球」を打つ練習にもなります。サイドスローピッチャーの変化球は、バッターの肩口から「背中越し」に来るようなイメージがありますから、それに対応するための練習です。

バッターは踏み込んだ時に「一拍ためる」感覚を持ち、腰と肩が開かないようしっかりためこんで打つようにするといいでしょう。

❾

変則投手の変化球想定では、打者は踏み込んだ時に
「一拍ためる」感覚で打つ

10 バッターの真後ろから投げるティー

このティーでは、投げ手がバッターの真後ろ（キャッチャー側）から投げるので、後ろ手のバットの押し込みがないとうまくバットに当たりません。バットを後ろ手で押し込めば必然的にフォロースルーも大きくなります。

普段、「フォロースルーが小さい」と指導者から指摘されるような選手にはこの練習がおすすめです。投げるボールを速くすれば、バッターのスイングスピードを上げる練習にもなります。

真後ろから投げることで、後ろ手の押し込みと大きなフォロースルーを身に付ける

11「拾うバッティング」の連続打ち

近年、ピッチャーの技術が上がり、投げる変化球の種類も増えていることから、バッターもそれに対応した練習をしていかなければなりません。このティーは、ピッチャーの落ちる系の変化球（フォーク、チェンジアップ、スプリット、縦スラなど）に対応するため、スイングを「崩された後」にバットでボールを拾うことをイメージした練習です。

股関節と前足の膝を柔らかく使い、右バッターであれば下半身が崩されても左肩を開かず、グッとためこんで左手重視でボールを捉えるように意識するといい

11

スイングを崩された後は股関節と前足の膝を柔らかく使い、左手重視でボールを捉える

でしょう。これも、投げ手がランダムにコースを投げ分け、それを連続打ちすることによってバッターの「拾う」技術はより磨かれます。トスを上げる際には、通常のポイントより手前（ピッチャー寄り）にボールを落とすような感じで投げるのがポイントです。

12 両方の連続打ち

バッターの左右両側にネットを置き、投げ手もふたり付き、バッターが「右」「左」と連続して打っていくティーです。回転軸をブレないようにし、なおかつ軸折れしないようにするための練習です。打つ時に回転軸の重心が前後にブレてしまったり、あるいは打つ時に肩が下がっ

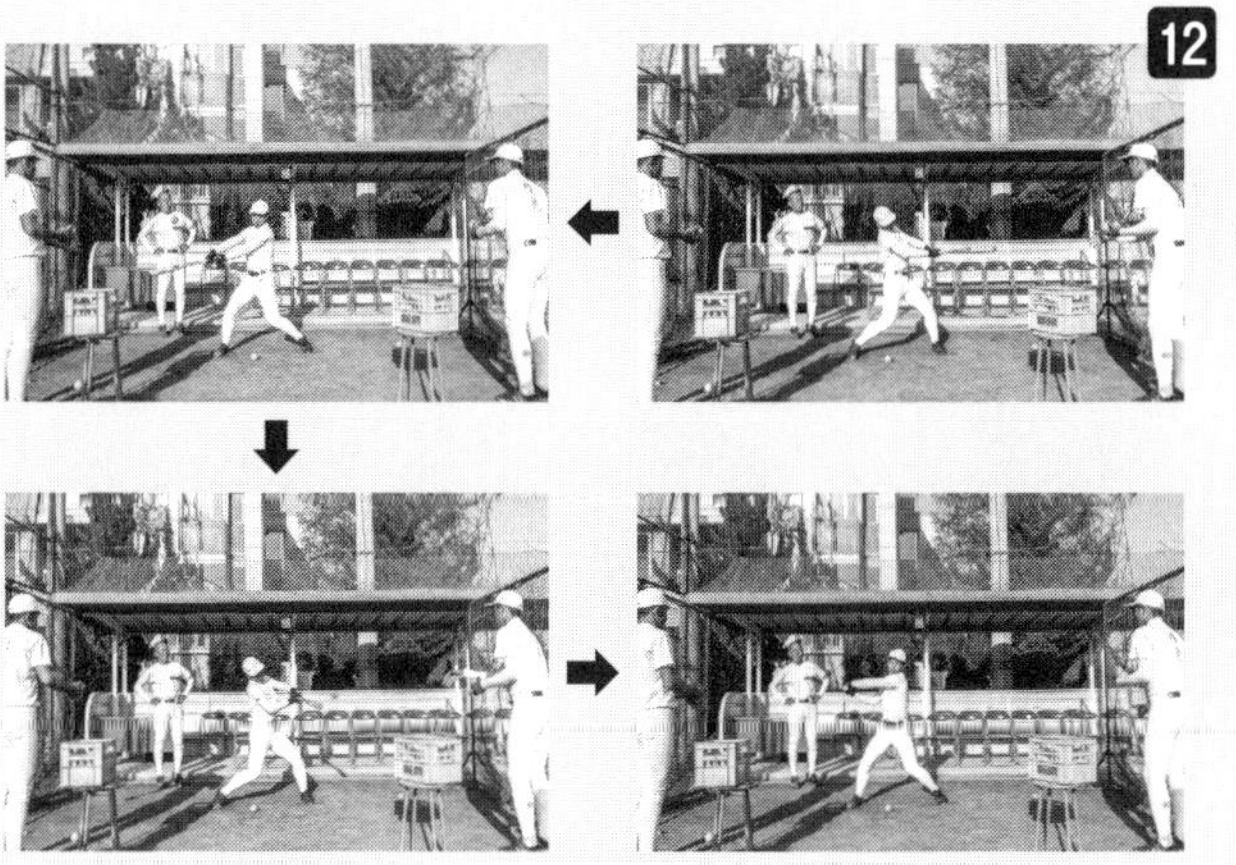

打者が左右に連続して打つことで、回転軸がブレないスイングを身に付ける

たり（または上がったり）してしまうのを防ぐためにも、とても効果のある練習方法です。鳥かご（バッティングゲージ）の中で行えば、わざわざ左右にネットを配置する必要もないのでおすすめです。

シャトル打ちも重要なバッティング練習

1 コースを打ち分ける

大冠はグラウンドがサッカー部やソフトボール部と共用のため、100人の部員がバッティング練習を行うには、室内での練習なども有効活用しなければなりません。そんな環境の中でとても役立っているのが、バドミントンの羽根を使った「シャトル打ち」です。野球部では、体育館にある「武道場」でシャトル打ちの練習を行っています（写真①）。

バドミントンの羽根は、初速と終速の差が大きいため、とくに変化球を打つことをイメージした練習にとても有効です。

また、コースに逆らわずにレフト、センター、ライト方向にそれぞれ打ち分ける、あるいは打つポイントをつかむことにも適していますシャトルは柔らかいため、ピッチャー返しがあってもケガをすることがありませんから、とても安全な練習方法だといえるでしょう。

　コースに逆らわずに打ち返す練習では、10mほどの距離からピッチャーがインコース、真ん中、アウトコースそれぞれにシャトルを投げ、バッターはインコースは引っ張り、真ん中はセンター返し、アウトコースは流し打ちと打ち分けていきます。この時、シャトルがストライクゾーンから外れていると思ったら、しっかりと見逃すようにしてください。

　また、打者の背中側からシャトルを投げる方法もあります（写真②）。これは、肩口から来て外に逃げていくような変化

シャトル打ちは、3方向に打ち分ける、
打つポイントをつかむことに適している

1-①

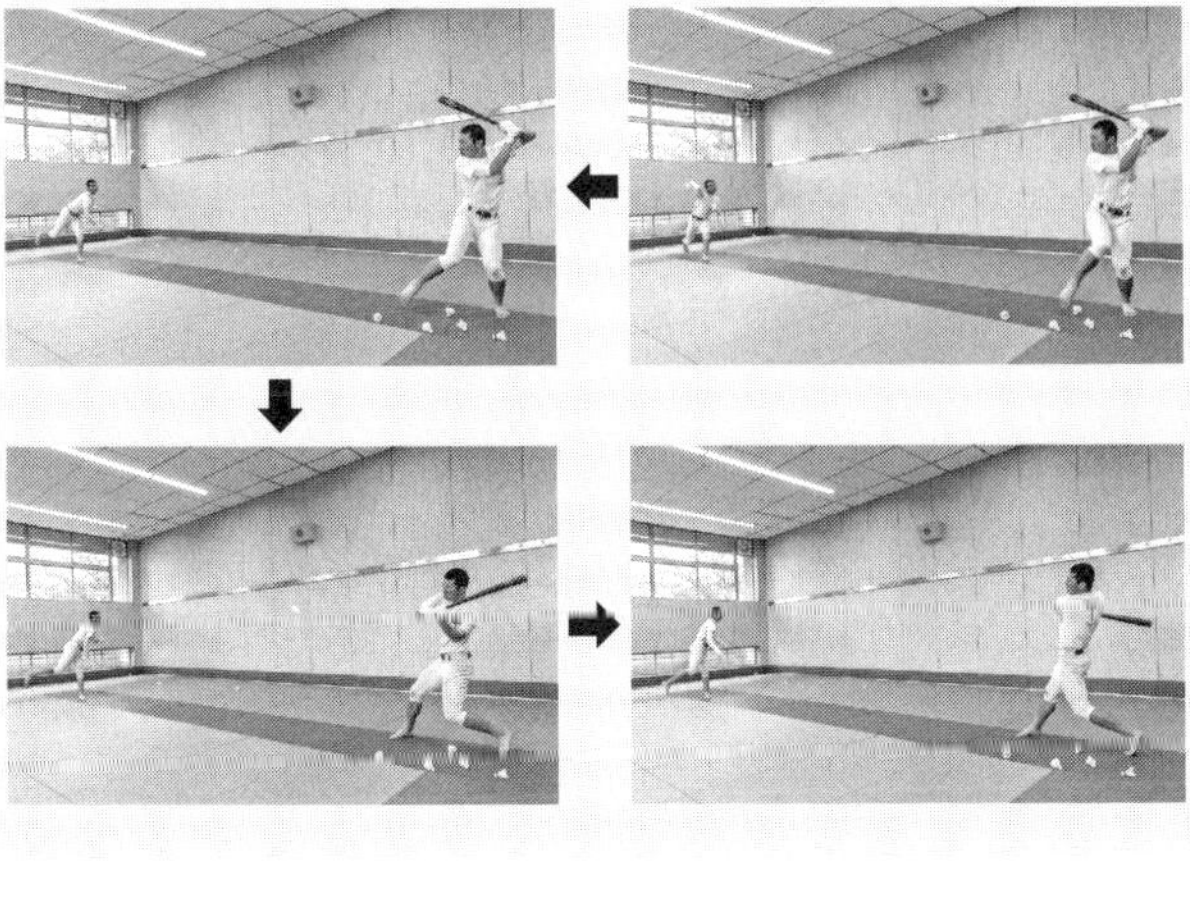

球に対応するための練習です。体が開かないように意識し、しっかりためを作って十分に引き付けてから打つのがポイントです。

2 選球眼をよくするために「目で羽根を追いかける」

シャトルを使った練習では様々な技術を磨くことができますが、本校では「選球眼をよくする」ための練習もシャトル打ちで行っています。これは変化球を打つ時の最大のポイントともなるので、とても大切な練習です。

大事なのはボール（シャトル）を見逃す時の姿勢です。踏み込んだ足で壁を作り、上半身は肩を開かず、しっかりと

1-②

打者の背中側から投げることで、変化球をしっかり引き付けて打つ練習になる

「割り」と「トップ」ができた状態でボールを見逃します（写真①）。頭はまったく動かさず、視線だけでボールを見逃すのが、大きなポイントです（写真②）。

練習では、「ボールを見逃す」↓「ボールを打つ」を交互に繰り返すことで、「割り」を作る体勢をキープできるようになるはずです。

3ボール2ストライク設定での練習が大切

試合でバッターに一番迷いが生じてしまうのが、3ボール2ストライク、いわゆる「フルカウント」の状態からの「ボール球」です。

普段であれば見逃すようなボールでも、

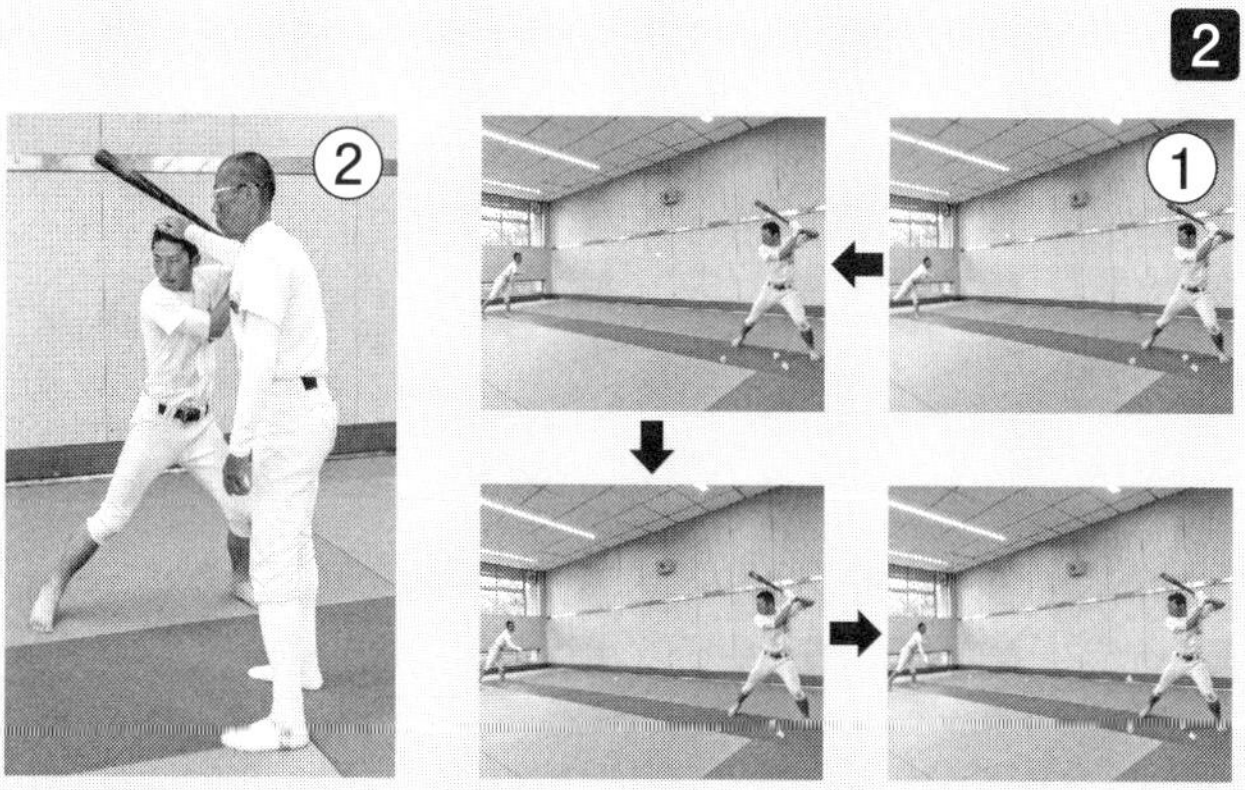

しっかりと「割り」とトップができた状態でボールを見逃すことが大切

見逃す際は、頭をまったく動かさず、視線だけでボールを見逃すのがポイント

3ボール2ストライクだと「際どいボールはカット」する必要があります。そうなると、バッターはストライクゾーンを広めにイメージするため、その状況下でボール球を投じられると体が反応し、どうしても振ってしまうことになります。

そんなことから大冠では、3ボール2ストライクという設定でゲームバッティングを行うことが度々あります。

この時、バッターは一般的な心構えとしては「ストライクゾーンは広く、際どい球はカット」という考えを持たなければなりませんが、明らかなボール球にまで手を出したら、それはピッチャーを助けるだけになってしまいます。ですから私は選手たちに「3ボール2ストライクになったら、逆にストライクゾーンを絞って落ちる系のボールを常にイメージし、低目のボールゾーンに逃げていく変化球はしっかり見逃せるようになりなさい」と教えています（詳しくはP170参照）。

また、逆にピッチャーは、フルカウントの状況は心理的には厳しくても、バッターがストライクゾーンを広めにしているので実はバッターよりも有利です。そんなことから私はピッチャーには、「バッターはストライクゾーンからちょっと外れても振ってくれるから、際どいところ（とくに低目）を突いていけ」と指示しています。

限られた練習時間を有効に使うためには、実戦的な練習をどんどん取り入れていく必要があります。そんな中でゲームバッティングでの「3ボール2ストライク」という設定は、各バッターが追い込まれた状況に慣れる上でも、とても有効な練習方法だと考えています。また、ピッチャーもフルカウントになった時、「どこに投げればバッターが振ってくれるのか？」が実際に体感できるので、この練習はバッターとピッチャー、両方に効果のある一石二鳥の練習方法だといえます。

バッティングのパワーを付けるためのサーキットトレーニング

大冠では、選手たちのバッティングのパワーを高めるために、タイヤとバットを使ったサーキットトレーニング、通称「スイングサーキット」を行っています。8つのメニューから構成される「スイングサーキット」を今からご紹介します。

1 タイヤ叩き

タイヤを強く叩くことによって、手首の使い方や後ろ手の押し込み方を覚えるのと同時に、リストの強化も行えるメニューです。20回叩きます。

2 早振り

1が終わるとすぐに、スイングスピードを上げるための「早振り」を行います。20回スイングします。

3 歩行二本振り

「14種の素振り」で紹介した歩行二本振り（Ｐ１３３参照）を行います。体のねじれと体幹を強化するためのものです。距離は約30ｍ。

4 腕立て伏せ

段差などを利用し、腕に負荷をかけた腕立て伏せを10回行います。

3

4

5 早振り

4の腕立て伏せで腕の筋肉に負荷を与えた状況で、すぐに再び早振り20回を行います。

6 ステップスイング

「14種の素振り」でご紹介した「ステップスイング」（P134参照）を、「割り」とねじれを強調しながら行います。距離は約30m。

7 四股踏み

下半身を強化するための四股踏みを20

6

回行います。しっかりと下まで腰を下ろすことが重要です。

8 ジャンプ

最後にジャンプを30回行います。1、2、3のリズムで全身を大きく使ってジャンプを繰り返します。

筋力トレーニングの合間にスイングを入れ、体が疲れた状態にあってもしっかりとスイングすることで「振る力」を養っていきます。

バッティングにおいては、下半身を鍛えることも非常に重要なので、四股とジャンプも取り入れています。

この1～8の流れを1セットとして、

7

8

これを毎日2セット行っています。このようなメニューを毎日淡々とこなしていくことで、強豪私学に勝るとも劣らないパワーと技術が身に付いていくのです。

みなさんもぜひ、このスイングサーキットを、日々の練習に取り入れていただければと思います。

第3章

常識に囚われない戦略

柔軟な発想と指導法が強さを生む

すべての選手に同じ指導を
——高校野球は〝教育〟である

大冠では、1年生も3年生も分け隔てなく、同じ練習をします。更衣室の掃除やグラウンド整備などは下級生ではなく、上級生が担当するようにもしています。これは私が大冠に赴任した当初から続けている部の習慣で、「1年生がやりやすい環境を作る」ということをモットーにしています。そのほうが練習も効率的にできるからです。

昔の部活にありがちな、3年生がのさばっているような年功序列のやり方をしていてはダメだと思います。1年生が3年生を恐れながら野球をしていたら、伸びる能力も伸びなくなってしまいます。

私が現役だった頃、日本の体育会系部活はほとんど年功序列の、それこそ軍隊のような雰囲気でしたが、指導者となってからは「そういうやり方ではいけない」と思うようになりました。そこで上級生が雑用をこなすようなシステムを取り入れたのです。

また、大冠で1年生から3年生まで分け隔てなく同じ練習メニューをするのは、「高校野球は教育の一環である」という私の思いがあるからです。私は学年問わず、レギュラー、補欠問わず、あるいは技量レベルの上下を問わず、みな同じ練習をさせます。

大冠のように100人を超える大所帯のチームでは、レギュラー組と控え組（Bチーム）、さらにCチームというように、選手たちをいくつかのグループに分けて練習や試合を行っているところがほとんどです（もちろん、大冠も練習試合はAチーム、Bチームと分けて行っています）。練習を効率的に行うために、選手たちを実力でグループ分けするのはある意味、しょうがないことだといえます。

しかし、控え組に回され、練習も満足にできなくなった選手は「野球なんて面白くない」と思うようになります。そうやって不平不満を募らせた選手の中には、学校の先生や他の生徒に八つ当たりをしたり、あるいは校則に違反するようなことをしでかす者が出てきたりします。

私は、少なくとも公立高校は、すべての選手に平等に練習の機会を与えてあげるべきだと考えています。学年、実力問わず、同じ練習をし、チャレンジする機会を与えてあげれば、たとえ公式戦でベンチ入りできなくても選手たちは納得してくれます。

私のそんなやり方を見て、「100人の部員にまんべんなく指導していて、強いチームなど作れるわけがない」と言う人もいます。でも、私は今まで続けてきたこのやり方を改めるつもりはまったくありません。100人に同じ練習をさせ切磋琢磨する中で、野球の技量を伸ばすだけでなく、人としても成長してもらう。それが高校野球指導者の腕の見せ所だと思っています。

また、私なりのやり方をもうひとつご紹介しておきます。私はグラウンドで選手たちに話をしたり、ミーティングをしたりする時は、必ず選手たちを座らせるようにしています。例えば試合後やハードな練習をした後、選手は体力的に疲れていますから、立ったままだと私の話を最後まで集中して聞けません。そんなことから、選手たちと話す際はみんなを座らせて話をするようにしています。

選手たちを座らせる理由は他にもあります。座っていると選手たちの顔がよく見えます。ちゃんと私の話を聞いているか、話の内容をちゃんと理解しているか、そういったことを確認するには、選手たちを座らせるのが一番なのです。

マンツーマン指導の重要性
——個別指導が選手を伸ばす

私が選手たちを指導する中でとても大切にしているのが「マンツーマン」による指導です。平日の練習では、最低でも10人の選手に指導を行うようにしています。大冠には約100人の選手がいますから、10日で一回りする計算です（夏休みや冬休みといった休み期間中はその倍の20人を見るようにしています）。

練習中、私は気になる選手を見つけては、グラウンドの脇でマンツーマンの個別指導を行います。マンツーマンの指導を行いながら、一方で全体練習にも目を配る必要がありますから、50代中盤となるこの私もだんだんとしんどくなってきています。しかし、選手は一人ひとり、体の動きは違うし、体力、特徴もそれぞれ異なります。つまり、同じ弱点を修正するのにも、一人ひとりやり方を変える（伝え方を変える）必要があるわけです。

このマンツーマン指導は個々に行わなければならないため、効率的ではないかもしれません。しかし、長期的な視点で捉えた時、選手の成長率を考えたら、個別指導の方が選手を大きく伸ばすことが

できます。このマンツーマン指導は私の生命線でもありますから、これからもずっと続けていきたいと考えています。

マンツーマン指導は、野球部に入ってきたばかりの新入生たちにはとくに有効です。中学生の時、ほとんどの選手はバッティングに関して指導者から付きっきりで、しかも理論的な指導は受けていません。そんな状態で大冠に入学し、野球部に入ってきた1年生たちは4月に私から密にバッティングを教わるのですが、これが面白いくらいに選手たちの目の色が変わってきます。

新入生それぞれの長所、短所を見抜き、「ここを直したらもっとよくなるよ」というワンポイントをまずは指導します。入ってきたばかりの1年生選手に対して、2つも3つも注文をつけていたらパニックになり、バッティングフォームを崩してしまうことになりかねません。だから最初はまずは簡単なことから始め、階段を一段一段上っていくように、ステップアップしていくわけです。

ひとつのポイントを修正し、バッティングがよくなった選手は自分でもその変化がわかりますから「もっともっといいバッティングがしたい」と思うようになります。そうなると自発的に練習に取り組むようになりますし、私の話を聞く時もそれまでとは違い、「本気」の目の色になってくるのです。

マンツーマン指導にはこういったメリットがたくさんあるので、大変かもしれませんが指導者の方々も試されてみてはいかがでしょうか。

大冠の攻撃のセオリー
――配球を読む&ランエンドヒット

トーナメント戦を勝ち抜いていく中で、当然のことながら勝ち上がれば勝ち上がるほど対戦相手の投手力はレベルアップしていきます。

レベルの高いピッチャーを攻略する上で、欠かせないものがひとつあります。それは「相手のバッテリーをよく観察し、配球を読む」ということです。

初回からじっくりと観察していれば、ピッチャーのクセや得意の球種、あるいはその日調子のいい球種、調子の悪い球種、さらにはキャッチャーの配球の特徴などをある程度読む（予測する）ことができます。

初球はどういう入り方が多いのか、ピッチャーはカウントが不利になった時にどの球種でストライクを取りにくるのか、追い込んだ時はどの球種、コースで攻めてくるのか。そういった相手バッテリーの攻めのパターンをある程度予測しながら、狙い球を絞っていかなければレベルの高いピッチャーを攻略することはなかなかできません。

また、大冠では盗塁よりも「ランエンドヒット」を多用します。なぜなら、ランナーがスタートを切ったらバッターは必ず打たなければならない「ヒットエンドラン」よりも、盗塁の要素が強い「ランエンドヒット」のほうが成功する確率が高く、さらに次の展開に向けて有利に働くことが多いからです。

「ランエンドヒット」はランナーありきの戦術ですから、バッターには「ランナーのスタートがよく、なおかつ打つのが難しいボールだったら別に打たなくてもいい。ただ、甘いボールだったら思い切り打っていけ」と伝えています。

盗塁に関しては、走塁の技量が優れている選手には「自分で判断してよい」という権限を与え、基本的には「ノーサイン」です。「ノーサイン」にすれば、選手たち自身がゲーム展開を考えるようになります。ランナーは「ここは走っていい場面か」「何球目に走るか」を考え、バッターはランナーがいいスタートを切れば自然と「手を出さない（バットを振らない）」ようになります。

また、ノーサインで盗塁を許可している選手には、とくに左ピッチャーの場合、二塁ランナーは背中越しで見えづらくなりますから、三塁への盗塁、いわゆる「三盗」を積極的に狙うようにも指導しています。

ランナー一塁の時、どう動くかでチームの色が出る

ランナーが一塁に出塁、そこでどんな戦術を取ってくるかによって、そのチームの特色や傾向をある程度知ることができます。

大冠では、ランナー一塁の場合、バッターが1巡目（試合の序盤）であればバント30％、フリーで打たせるのが70％くらいの割合です。その際、そこでヒットが飛び出せば「あ、大冠は積極的に打ってくる」という印象を与えられます。また、中盤以降、競った展開になってきた場合、序盤の「大冠は打ってくる」というイメージがあれば守備のフォーメーションが「前」になる可能性は少なく、そうなればこちらはその裏をかいて「バントでランナーを進める」という戦術を取ることもできます。

フリーで打たせる「70％」には、「ランエンドヒット」も含まれています。ランナーありきの戦術を取ることで、相手チームに「大冠はランナーがいる時は何かを仕掛けてくる」というイメージを植えつけることができます。そういった仕掛けによって相手は常にこちらを警戒することになりますし、それが相手チームへのプレッシャーとなり、ゲームの終盤になればなるほどそのプレッシャーが高まり、思わぬミスなどをしてくれる可能性

も高まります。

かつての野球は「一番バッターが出塁したら、二番は送りバント」というパターンがひとつのセオリーとなっていました。しかし、今は時代も変わり、必ずしも「バントで送る」ことがセオリーでも主流の戦術でもなくなってきています。

そんなことから私は第1章でご説明したように、二番には小技のできるバッターではなく、長打も期待できるバッターをあてるようにしています。それが結果として、相手チームへの大きなプレッシャーとなるのです。

ちなみに、大冠ではバントはあまりやりませんが、相手チームのピッチャーが好投手で打ちあぐねている場合などにスクイズは結構使います（1死満塁などでもよくサインを出します）。いずれにせよ、ランナー一塁時にどう動くかを見れば、そのチームのセオリーがある程度見えてくるものなのです。

フルカウントになったらストライクゾーンは広げずに「絞る」

通常、バッターは2ストライクに追い込まれると、ストライクゾーンを広く取り、コースギリギリのいわゆる「臭い球」はカットしにいきます。

そうやって粘っていくうち、カウントが3ボール2ストライクのフルカウントとなってもそのまま「ストライクゾーンを広く」取っている選手がいますが、私はフルカウントになった場合はバッターに「ストライクゾーンを絞れ」といつも指示しています。

「ストライクゾーンを絞ったら、臭い球に手が出ず、見逃し三振となってしまうじゃないか」とお思いの方もきっといらっしゃるでしょう。

フルカウントになった場合、弱気なバッターは「フォアボール狙い」になりがちです。しかし、フォアボール狙いのような消極的な気持ちになってしまうと、臭い球はすべて「ボール」に見えて、結果として「見逃し三振」になってしまうことが多いのではないでしょうか。

では「強気なら積極性も出ていいのか」というと一概にそうともいえません。なぜなら、フルカウントとなり「よし、どんなボールでも打ってやる」という気持ちでいると、普段なら見逃す「明らかなボール球」にも手を出してしまうようになるからです。

そういった諸々の理由から、私はフルカウントになったバッターにはあえて「ストライクゾーンを〝絞れ〟」と普段から指導しています。

投球術に長けた賢いピッチャーは、フルカウントになってもバッター心理を読み取り、フォアボールを恐れず、平気でボール球を投じてきます。彼らは満塁という状況でない限り、「フォアボールによって失点することはない」ということが、よくわかっています。

こういった賢いピッチャーに対応する意味でも、フルカウントになったらストライクゾーンを絞り、ボール球は「しっかり見逃す」というクセを付けていくことが大切なのです。

また、補足となりますが、バッターは2ストライクに追い込まれると、どうしても自分のバッティングができなくなってしまいます。ですから、私は大冠の選手たちには「ファーストストライクから積極的に振っていきなさい」と指導しています。

大冠で日々練習している「打ち勝つ野球」を試合で実際に再現するためには、狙い球を絞り、初球から積極的に打っていくことが何よりも重要です。

バッターは「甘い球は初球から逃さない」、そして「ピッチャー有利の追い込まれたカウントになったらストライクゾーンは広く」、さらに「フルカウントになったら今度はストライクゾーンを絞る」という柔軟な心構えを持つようにするといいと思います。

ランナー二塁、ショートゴロはすべて「ゴー」

ランナーが二塁でバッターが右の場合、ランナーを進めるためによく「右打ち」を指示する監督がいますが、私は早いカウント（0ストライクや1ストライク）で右打ちをさせることはありません。大概フリーで打たせ、追い込まれた場合のみ右打ち（左バッターなら引っ張り）を指示するくらいで、送りバントにいたってはほぼしません。

また、ランナー一・二塁の場合も送りバントはほぼ100％しないといっていいでしょう。ピッチャーのフィールディングがよければ、サードでフォースアウトにされる可能性が高く、それならばフリーで打たせたほうが得点の可能性が広がるからです。

さて、ここまでご説明してきたように、大冠には柔軟な発想をもとにした他校にはあまりないセオリーがいくつかありますが、その最たるものが「ランナー二塁、ショートゴロはすべてゴー」という考え方です。

一般的に、ランナー二塁の時の走塁のセオリーで「センターラインからセカンド方向にゴロが転がったらゴー」というのがあります。また、それに加えて「ショートゴロでもショートの定位置よりセンター寄りのゴロだったらゴー」としているチームも中にはありますが、大冠の場合は「ショートゴロはすべてゴー」にしています。

ランナーが二塁にいると、ショートとセカンドは二塁ランナーを警戒せざるを得ず、三遊間、あるいは一・二塁間の空きスペースが通常よりも広がります。攻撃側としては、この絶好のスペースに打球を飛ばすことが重要ですから、私はフリーで打たせるにしても右バッターには「三遊間」、左バッターには「一・二塁間」を狙うように指示します。

そうなると当然、大冠ではランナー二塁の場合に右バッターなら「ショートゴロ」が増えます。ショートゴロはランナーが進塁を非常に迷うゴロでもありますから、そんな「迷い」を捨てさせるために、私は大冠のセオリーとして「ショートゴロはすべてゴー」にしました。

このセオリーを取り入れてから、大冠の二塁ランナーの三塁への進塁率は格段にアップしたと思います。ショートのフィールディングがずば抜けていい場合はアウトになることもありますが、ほとんどの場合、「ショートゴロだ」と思った瞬間にスタートを切ってしまえば三塁には間に合うのです。

しかし、この大冠ならではのセオリーも、最近メディアで取り上げられてしまったことから、「大冠はショートゴロ、ゴーやで」と他校にバレてしまっているケースもあります。そんなことから、これから先、もしかしたらこのセオリーも変える必要が出てくるかもしれません。

一塁のオーバーランの隙を突く

野球というスポーツは、「相手の隙を突く」ことで得点を重ねたり、あるいは守りきったりすることができます。「相手の隙を突く」ことがうまいチームほど、試合を優位に進め、勝利に近づくことができるわけです。

大冠では、相手の隙を突くプレーは攻撃、走塁、守備などで色々と取り入れていますが、中でも相手の意表を突けるのが守備における「一塁のオーバーランを殺しにいく」というプレーです。

例えば、相手バッターがレフト前ヒットを打ったとします。バッターランナーは当然、一塁ベースをオーバーランし、レフト方向の守備の様子を伺いながら一塁に戻ろうとします。大抵のバッターは「やった、ヒットだ」と安心していますから動きも緩慢です。守備側はこの隙を突くのです。

この時、大冠のレフトはゆっくりとセカンドに送球するふりをしつつ、一塁にダイレクトでワンバウンド送球します。バッターランナーは、まさかダイレクトで一塁に返球が来るとは思っていませんから、急に戻ることができず、タッチアウトとなります。

大冠はこの意表を突いたプレーで、実際に公式戦で6つのアウトを取っています。いずれもヒットを帳消しにし、しかもアウトをひとつ取れるわけですから、ゲームの流れを変える重要なプレーだといえます。

ただ、大阪のチームとの練習試合であまり頻繁にこのプレーをすると公式戦時に相手に警戒されてしまうので、他府県のチームと練習試合をする時にこのプレーを試すようにしています。

ちなみに練習試合では一度このプレーが成功しました。その相手とは、私たち日体大O

Bが「神」と崇める存在の、高嶋仁監督率いる智辯和歌山です。

一塁ランナーがタッチアウトとなった瞬間、高嶋監督はとても悔しそうな表情をしていました。そして試合後、私は「お前な、あんなプレー、大阪だけでやっとけ」と怒られるはめになりました。意表を突くこのプレーも、相手チームを考えてしなければならないと教えられた試合でした。しかし、百戦錬磨の智辯和歌山さえも隙を突かれたこのプレー、ぜひみなさんのチームでも一度お試しいただきたいと思います。

夏のベンチ入りメンバーは選手たちに投票させる

長い高校野球監督生活の中でもっとも私が「難しい」と感じていること、それは夏の大会のベンチ入りメンバーの選考です。何年経っても、このメンバー選考には頭を悩ませます。とくに、最上級生たちにとって最後の大会となる「夏」は、選手それぞれの思いをひしひしと感じるだけに、私自身も悩み、苦しみます。夏の大会のベンチ入り人数は20人。私がもっとも悩むのはレギュラーの選出ではなく、ベンチ入りか否か、そのギリギリのところに並ぶ17~20番くらいの選手を決める時です。

大冠には100人超の部員がいます。その中で、17~20番に値するような選手は10~20

名はいます。そこから3〜4名を選ぶのが、本当に難しいのです。

そんな時、私がもっとも頼りにしている目安が「打力」です。大冠は「打ち勝つ野球」を目指しているわけですから、総合的に同じレベルであればもっとも打力のある選手を選出します。もし打力が同じなら次は「守備力」を、そして最後に「走力」を目安にします。

また、春以降、夏の大会に向けて「こんな選手が20人の中に必要です」という具体的な内容を私は選手たちに伝えるようにもしています。

例えば、ピッチャーであれば「ワンポイントで使えるサイドかアンダースローのピッチャー。決め球に落ちる系のボールがあればなおよし」というようなことを伝えておけば、選手たちは自分で考え「だったらサイドスローに変えてみよう」「落ちる系の決め球を覚えよう」とする選手が出てきます。選手たちの自発性を促す上でも、そういった説明を事前にしておくのはとても大切なことだと思います。

「自分だけで決めるのはつらいから」というわけではないのですが、20人のベンチ入りメンバーを選手全員に投票させ、その結果も踏まえて私はメンバーを選ぶようにもしています。背番号1番から20番まで、誰がふさわしいかを選手全員が投票します。すると、不思議なことに毎年だいたい私の考えと投票結果はほぼ一致します（とくに1〜9番のレギュラーメンバーは）。

仮に10番台の背番号で、私の選出と投票結果が異なった場合は、私は「なぜその選手を選んだか」をきちんと選手たちに説明します。そうすることで選手たちはみな納得し、選出された選手もそうでない選手も、夏の大会に向けてチーム一丸となれるのです。

秋の新チームのためのチーム作りも大切

ここ数年、大冠が夏の大会の上位に進出することが多くなってきたことから、他チームから「大冠は夏に仕上げてくる」とよく言われるのですが、私自身は夏の大会より「秋の大会（新人戦）」に照準を合わせ、そこに向けて毎年春からチーム作りを行っています。

なぜ、私が「秋」に合わせてチーム作りを行うのか。それは、秋の大会で上位に進出すれば、翌春の甲子園（センバツ）に出場できる可能性が高まるからです。

また、秋の大会は夏の大会の過密日程とは大きく異なり、4～5回戦くらいまでは週に一度のペースで試合が行われます。これは、強豪私学のように優れたピッチャーを何人も揃えるのが難しい公立校には、とても戦いやすいサイクルです。

春のセンバツに出場するには大阪府予選を勝ち抜き、「近畿大会」に出場し、そこでさらに優秀な成績を収めることが必要です。大阪府は近畿大会への出場枠が3校あるので、とりあえずベスト3に入れば近畿大会に進めます。まずは近畿大会に出場しなければ「甲子園」の切符は手に入りませんから、私はこのベスト3を目指して、春からチーム作りを行っているのです。

チームがベストの状態で秋の大会を迎えるためには、夏の大会が終わってからチーム作りをしていたのでは、とてもではありませんが間に合いません。

そんなことから、私は春から1年生に注目し、夏の大会にも秋を見据えた選手をベンチ入りさせるようにしています。秋の大会を前に、1・2年生にどれだけ経験を積ませておくか。それが肝心です。

近年の大冠はそんなチーム作りをしているため、秋の大会は最低でも4回戦までは必ず勝ち上がっています。21世紀枠に選ばれそうな時も何度かありましたが、いずれにせよ、悲願である「公立校の甲子園出場」はまだ果たされていません。目標の「甲子園出場」に向け、夏はもちろんですが、秋の大会でもがんばっていきたいと思います。

最近はもう「打倒・強豪私学」とは言わなくなった

「打ち勝つ野球」を目指し、大冠野球部は「強豪私学を倒す」ということをひとつのモチベーションに今までやってきました。

かつて大阪には「私学七強」と呼ばれる強豪校が存在した時代があり、その後もＰＬ学園という高校野球界のトップに君臨した日本一の私学を倒すべく、府内の公立高校は「打倒・強豪私学」を合言葉に血の滲むような努力を続けてきました。私も大冠の監督となり、「強豪私学を倒す」という非常に強い意識をいつも持っていました。

しかし、公立校の選手たちは強豪チームを目の前にすると、その雰囲気に圧倒され、気持ちが萎縮してしまいます。戦う前から気持ちで負けていては、とてもではありませんが試合で勝つことなどできません。そこで私は、まずは強豪を目の前にしても萎縮しないようになるにはどうしたらいいかを考えました。そして、そのためには「強豪と戦い、その雰囲気に慣れるしかない」という結論に達しました。

以来、私は日体大のネットワークを駆使しつつ、関西、四国を中心に、全国の強豪校と練習試合をたくさん組むようにしました。するとここ数年、選手たちは強豪校を目の前にしても気持ちが萎縮することはまったくなくなりました。

選手たちがどんなチームと対峙しても動じなくなったのは「慣れ」が一番の理由ですが、それ以外にもトレーニングと食事によって体が大きくなり（第４章で詳しくご説明します）、体格的にも強豪校の選手たちに見劣りしなくなり、それも選手たちにとっては大きな自信となっているようです。

そんなことを続けているうちに、近年では他府県のトップレベルのチームと対戦しても五分の戦いができるようになってきました。昨年の夏の大会で大阪桐蔭と互角の打撃戦を演じることができたのも、選手たちのそんな「強豪校慣れ」によるところが非常に大きいと思っています。

今では選手たち自身が、大阪桐蔭や履正社などの強豪を「特別視」しなくなってきました。大阪桐蔭や履正社が「全国のトップレベル」であることはみな百も承知ですが、「絶対に勝てない相手ではない」ということを彼らは体で理解してくれたのです。もはや彼らは「公立は不利だ」ということすらも感じていませんから、ここまできたら私が口すっぱく「打倒・強豪私学」と言う必要はありません。

そんな感じですから、最近の選手たちの合言葉は「打倒・桐蔭」となっています。私たちの目の前には全国で一番高い「壁」がそびえ立っていますが、大冠の選手たちならこの壁をきっと乗り越えてくれるはずだと、私は信じています。

私学コンプレックスを消してくれた日体大ネットワークのすごさ

日体大のネットワークを駆使し、履正社や智辯和歌山といった強豪校と練習試合を組んでいるのは先述した通りですが、その他にも日体大ネットワークは全国に広がっています。

そこで近年、大冠がどのような学校と練習試合を行っているか、もう少し具体的に述べたいと思います。

２０１６年、夏の甲子園に初出場を果たした岡山の創志学園は、日体大の先輩である長沢宏行さんが監督を務めている関係で練習試合ができるようになりました。

四国では、甲子園常連の松山商業と定期的に練習試合をさせていただいています。愛媛の今治工業に日体大の同級生がおり、彼が四国の強豪に顔が利くことから、松山商業の他にも新田、松山聖陵、今治西、さらに安樂智大投手（現・東北楽天ゴールデンイーグルス）がいた時代に済美と練習試合をさせてもらったこともありました。

あの時、安樂投手は1年生でしたが、２イニングを投げ、うちは無得点に抑えられました。1年生ながらストレートがとても速く、「これはすごいピッチャーになる」と感じたのをよく覚えています。古豪・高知商業には、日体大の1学年下の後輩である上田修身監督がいるため、練習試合をさせてもらっています。

中部地区では、3学年上のいなべ総合の尾崎英也監督に、四日市工時代から大変お世話になっています。同じく2学年上の三重海星の湯浅和也元監督にも、とてもお世話になりました。

また北陸では、甲子園に春夏通じて計14度出場している福井の敦賀気比は、２０１７年に部長を退任された林博美さんが日体大の先輩ということで、何度も練習試合をさせていただきました。

このように、公立高校だと簡単には試合を組んでもらえないような甲子園常連校とも、日体大の繋がりによって大冠は練習試合を組むことができ、選手たちの中にあった「私学コンプレックス」を消し去ることができました。これからも、この日体大ネットワークをフル活用させていただいて練習試合を組み、選手たちのさらなるレベルアップを果たしていきたいと考えています。

飛び込みで強豪校に試合を申し込むことも

練習試合を組む際は、日体大のネットワークを使うことが多いですが、時には「飛び込み」で強豪校に練習試合をお願いすることもあります。

今でこそ、大阪桐蔭と決勝戦で善戦したことから、関西を中心に「大冠」の名前がある程度は知られるようになりましたが、それまではどの強豪校に電話をしても大冠を知っている監督さんは皆無に近い状態でした。

例えば、甲子園出場、春9回、夏7回を誇る岡山の強豪・関西とも飛び込みでのお願いを縁に、今では定期的に練習試合を行えるようになりました。岡山といえば、数多くのプロ野球選手を輩出している名門・岡山理大附も突然のお願いから縁ができた学校です。中京地区を代表する名門校である愛工大名電も、突然お願いした練習試合をきっかけにして、その後、事あるごとに練習試合を組んでいただいています。

名門といえば、春夏合わせて甲子園優勝5回を誇る、あの横浜も小倉清一郎部長がいた時代に練習試合をしていただいたことがあります。横浜は、全国津々浦々から練習試合の申し込みがある学校です。ダメ元で何度かお願いしているうち、小倉部長から「3月下旬に空きがあります。どうですか?」とご連絡をいただき、横浜まで遠征して試合をさせていただきました。筒香嘉智選手(現・横浜DeNAベイスターズ)がいた時代のことです。ちなみにこの横浜遠征にともない、横浜隼人にも連絡をしてみたところご快諾いただき、練習試合をすることができました。

このように、大冠のような無名の公立でも積極的に動くことで、強豪校と練習試合をすることは可能です。ぜひ、全国の公立校指導者の方々にも、最初から悲観的にならず、ダメ元精神でどんどん飛び込みの練習試合依頼をしていただきたいと思います。そうやって強豪と試合を重ねていくことが、選手たちの自信となり、力となっていくのです。

指導者は発想の転換が必要
——アンダースロー対策に用いた秘策

10年ほど前の話ですが、公式戦でアンダースローの好投手と対戦したことがありました。偵察に行ったところ、予想以上にストレートが速く（１３０キロは軽く出ていました）、浮き上がるような伸び方をしていました。多分、選手たちがそれまでに見たことのない軌道のストレートです。その学校は大冠と同じ公立だったため、「公立にもこんないいピッチャーがおるんやな」と感心しましたが、そのピッチャーを攻略しなければ私たちは次に進めません。しかし、「このストレートを初対戦で打つのはちょっと厳しい」というのが、その当時の正直な感想でした。

アンダースローのピッチャーを攻略するには、外に逃げていくボールを捨て、体の近くに来たボールをその軌道に合わせて叩くのが基本です。高目のストレートであれば、下から浮き上がるような軌道で迫ってきますから、バッターはヘッドを立て、「ダウンスイング」ぎみにバットを振る必要があります。

しかし、そのスイングを習得するためには、アンダースローのピッチャーがいなければ練習できません。当時の大冠には、その好投手のような伸びのあるストレートを投げるアンダースローピッチャーはいませんでした。

「下から浮き上がるようにして伸びてくるボールを、どうやって再現したらいいのか？」

それを考えている時に妙案が思い浮かびました。

「そうだ、あれを使わせてもらおう！」

私が考えついた「あれ」とは、ソフトボール部で使っていたピッチングマシンでした。ソフトボール用のピッチングマシンはボールの出所が低いため、アンダースローを想定したバッティング練習には最適です。マシンをマウンド付近に設置すると、私はボールが伸びる設定をマックスにして、選手たちに「ボールの軌道に合わせたダウンスイング」を教え込みました。

当然のことながら最初はまったく誰も打てません。しかし、10本、20本と打ち込んでいくうちに選手たちもだんだんとボールに慣れ、浮き上がってくる軌道に合わせてしっかりミートできるようになっていきました。

この練習の甲斐があって、私たちはその好投手を攻略し、試合に勝つことができました。公立校には、私立のような「豊富な人材」もいなければ、「充実した練習機材」もありません。しかし、今回のマシンのように、知恵を絞れば何かしら代替案は見つかるものです。

今置かれている境遇を嘆いているだけでは、新たな一歩を踏み出すことはできません。知恵を絞り、さらにひとりで妙案が浮かばないのであれば、周囲の人たちの力を借りて何とか解決策を導き出す。指導者（とくに公立校の）には、時としてそんな発想の転換が必要なのではないでしょうか。

結果如何にかかわらず、がんばった選手を褒める

「ここ一番に弱い」「プレッシャーに負けてしまう」といった選手は、どのチームにもいると思います。

「ここ一番に弱い」のも、「プレッシャーに負けてしまう」のも、その原因の根は同じです。いずれも、「選手の自信のなさ」に起因しています。

選手たちに自信を持たせるには、「褒める」ことが一番の方法です。指導者の中には「選手を滅多に褒めない」という人もいるようですが、私はがんばっている選手に対しては積極的に褒めるようにしています。

「いいピッチャーからホームランを打った」、あるいは「いいバッターをピンチで抑えた」など、結果を出した選手には「お前ががんばってきた証拠や。ようやった」と褒めます。個人的に褒める時もありますし、他の選手にもそのがんばりを知ってほしい時にはみんなの前であえて褒めるようにもしています。

　また、結果を出す、出さないに関係なく、がんばって努力を続けている選手にはその「過程」を褒めてあげます。

　現代の経済社会は「結果がすべて」の結果至上主義です。結果を出さなければ、会社からも世の中からも認めてもらえません。そんな社会環境にあるため、高校野球もややもすると勝利至上主義になりやすく、「結果がすべて」「勝つためには何をしてもいい」というような考え方に陥りがちです。

　しかし、私にとって高校野球は教育の一環であり、「結果がすべて」ではありませんし、ルール違反ぎりぎりの汚いことを選手たちにさせる気も毛頭ありません。そんなことから、私は結果を出した選手だけでなく、「結果は出ないけれども、誰よりもがんばっている」という選手も、褒めてあげるようにしています。

　私が選手たちを褒めてあげれば、選手たちは自信を深めていきます。そしてさらに「監督はちゃんと自分を見てくれている」と私のことを信頼してくれるようにもなるのです。

怒るタイミングを計る

　野球にミスやエラーなどは付き物ですが、そういったちょっとした失敗をしたことでひどく落ち込んでしまう「メンタルの弱い選手」は結構います。そういった選手に「メンタル弱いから、強くなれよ」と言ってメンタルが強くなるなら、誰も苦労はしません。

メンタルの弱い選手は、それまでの小中学生時代を通じ、怒られたり、けなされたりすることには慣れています。心の根っこに「自分はダメな人間なんだ」というネガティブな思いを抱えていますから、そんな選手には怒るのではなく、「褒める」ということを続けていく必要があります。

昭和の「スポーツは根性」という時代には、指導者が選手を怒鳴ったり、殴ったりするのはある種当たり前の指導方法でした。しかし時代は移り変わり、今や選手を殴ろうものなら部の存続にかかわる一大事となってしまいます。しかし、そんな時代にあっても、練習中、試合中に「ずっと怒りっぱなし」の指導者もまだ少なからず存在しています。

私も昭和の時代に指導者から殴られて育った世代ですが、今、選手を殴ることはもちろん、怒ることも滅多にありません。選手が緩慢なプレーを見せたり、あるいはやる気のない様子を見せたりした時は怒りますが、プレーの中でも失敗に関しては滅多に怒りませんし、怒るにしてもある程度間をおいてから、諭すように改善点を指摘しています。

選手を「怒るタイミング」というのはとても重要です。選手がカーッとなっている時に怒っても、頭に血が上っていますから選手は怒られた内容をあまり理解することはできないでしょう。また、プライドの高い選手はみんなの前で怒られることを極端に嫌います。

指導者の感情に任せ、他の選手のいる前で怒鳴りつけることを繰り返していたら、その選手は指導者への信頼感を失っていくはずです。

選手のメンタルを強くし、ちょっとやそっとのことで落ち込んだりしない精神力を育んでいくには、褒めることが大切なのはもちろんですが、それ以上に、指導者は選手それぞれの性格などを見ながら「怒るタイミング」を計っていくことが重要です。

いつ、どこで怒ればいいのか？

あるいはどのような言い方、言葉を用いれば選手は理解してくれるのか？

指導者はその場、その場で状況を見ながら、柔軟かつ臨機応変に対応していくことが大切なのだと思います。

第4章

打ち勝つためのトレーニング

体幹と下半身を鍛えて食育で体を大きくする

平日の放課後練習は3時間半程度

大冠のシーズン中の平日練習は、朝6時から行われる朝練と、放課後に行う通常練習のふたつがメインです。

朝練は、守備とバッティングおよび体育館でのシャトル打ち（バドミントンの羽根を使ったバッティング練習。詳細はP150参照）を、ローテーションを組んで8時くらいまで行っています（冬のシーズンオフは自由参加とし、各自がテーマを持って自主トレに励んでいます）。

大冠には「一日最低1000本」のテーマがありますから、この朝練も全体練習は6時からですが、早い選手は5時くらいに来て素振りなどを始めています。当然、監督である私も選手たちに合わせて動かなければなりません。よって、ランニングをするなどしながら選手たちを待つようにしています。私のこの朝のランニングは日課で、今でも毎朝4時から15キロほど走っています。監督をするには体力が必要ですから、ランニングは欠かしません。ちなみに、これまでフルマラソンは30回以上、100キロのウルトラマラソンは2回走り、フルマラソンの自己ベストは2時間43分です。

放課後の練習は15時半過ぎにはグラウンドに選手たちが集まり、アップが始まります。その後、全体練習は19時くらいまでで、その後約1時間を各自の自主トレにあて、20時過ぎには下校するというタイムスケジュールとなっています。

時間が限られているため、全体で行うキャッチボールなども内野手と外野手の時間を分けて行ったり、遠投をなしにして短い距離のクイックスローを全員でやったりと、やり方を工夫しながら行っています。

放課後20時までの練習時間は、照明設備などのある私立に比べれば少ないかもしれませんが、公立高校の中では割と時間は取れているほうだと思います。また、土日はグラウンドを野球部専用に丸一日使える日もあり、そこでフリーバッティングや内外野の連係プレーなど実戦的な練習を行うようにしています。

シーズン中の土日はほぼ練習試合

シーズン中の土日は、ほぼすべて練習試合が入っています。練習試合の際はAチームとBチームに分け、それぞれが別の学校と練習試合を行うようにしています。

レギュラークラスが集まるAチームは、関西圏に日帰りで練習試合に行くことが多く、

Bチームは大冠に他校を招いて練習試合を行うことが多いです（それぞれ一日2試合のダブルヘッダーを組みます）。Aチームの遠征は兵庫、滋賀、奈良、和歌山がメインで、たまに岡山や岐阜に一泊で行ったりもしています。

毎週末に2試合ずつを組めば結構な試合数になりますが、これだけ試合を組むのは選手たちに「生きたボールを打つ」「生きた打球を捕る」、ピッチャーであれば「強打者を抑える」という、実戦でしかできないことをたくさん経験してほしいからです。

ある程度の試合数をこなせば、各自の反省点、修正しなければいけない点がいろいろと出てきます。それを平日の練習で克服し、再び週末の試合に臨む。このサイクルを続けることが、選手たちの成長を促す上で何よりも重要なことだと思っています。

私はほとんどの場合、Aチームに帯同し、Bチームは部長、副部長が見るようにしていますが、春と秋の大会が終わった直後は、私はBチームに付くようにしています。一年中、Aチームばかり見ていると、Bチームの選手たちがどのくらい成長しているのかわかりませんし、何よりもBチームの選手たちに「俺たちは監督にとってどうでもいい存在なんだ」と思ってほしくないからです。

もちろん、Bチームの試合を見て「お、この選手は伸びているな」と思えばAチームに移したりもします。そうやって選手たちのモチベーションを保ちながらやっていくことは、チーム全体を強化するために欠かせない要素だと思います。

1年生は入学してから1ヶ月で見抜く

大冠には毎年、30～40人の新入生が入部してきます。私はこの新入部員を約1ヶ月かけてじっくり観察し、それぞれのいいところ、悪いところを見出します。そしてマンツーマン指導によって攻撃、守備の基本を指導しつつ、長所は伸ばし、欠点は修正するようにしています。

そんなことから、4月中のマンツーマン指導は必然的に1年生を呼ぶことが多くなります。間違ったバットの振り方で素振りを何千回しても意味がありませんし、これは投げ方に関しても同じことがいえます。ですから私は、この時期とくに「打ち方」「投げ方」の基本的な部分に関して、1年生に細かく指導するようにしています。

1年生はまだ何にも染まっていない分、修正を加えると直るのは早いです。教えたことにも素直に従ってくれますから、いい方向に変化していくスピードがとても早いのです。私はそこに、公立校の指導者としてのやりがいを感じています。

2017年の夏の大会で準優勝した時のエースだった丸山惇は、中学時代の守備位置がファーストでした。大冠に入学してきた当初は体の線も細く、本当に「へなちょこボール」しか投げられないような選手でした。しかし、腕の振りだけはクセがなく、しなやかなスローイングをしていたので、私は「ピッチャーとして育ててみよう」と思い、投げ方の基本、ピッチャーの基本をじっくり指導していきました。その結果、激戦区の大阪で決勝に進むまでの投手に育ってくれました。

1年生の時はそんな大したことのない選手でも、基本を覚え、体を鍛え、練習を重ねていくうちに2年半で大化けすることもあるのです。

部員の数が100人を超えるような学校では、1年生への重点的な指導が夏の大会後、つまり夏休みになってからというところが多いようです。しかし、先ほども申し上げたように、夏休みから指導を始めたのでは、とてもではありませんが9月から始まる秋の大会には間に合いません。つまり、秋の大会を戦うための準備は、春に始めなければ間に合わないということなのです。

軟式出身の選手をいかに硬式慣れさせていくか

大冠に入ってくる選手の9割は「軟式野球」の出身者です。この軟式出身選手たちをいかに早く硬式慣れさせるか。大冠の場合、それがチームを強くするカギといってもいいと思います。

「投げる」ということに関しては、さほど変わりはありませんが、硬球のほうが軟球より10gほど重いですから、いきなりたくさんの量を投げさせると肘や肩に負担がかかり、ケガのもととなる恐れがあります。そんなことから、1年生には最初はあまりたくさん投げさせるようなことはせず、正しい投げ方やスナップスローを教えるようにしています（2ヶ月ほど経って慣れてきたら上級生と一緒にキャッチボールをさせています）。

「守る」ことに関しては、軟式をやってきた選手はグラブが「上から下」に動く選手が多いです。守備の基本であるグラブの動きは「下から上」が鉄則です。しかし軟球はよく跳ねますから、選手たちも知らず知らずのうちに「上から下」の動きが身に付いてしまったのでしょう。ですから私は1年生たちに対して、グラブが下から上に動くよう、グラブ捌きの基礎練習を徹底して行います。

「打つ」ことに関しては、軟式の選手は当てるだけのバッティングになっている選手が多いため、まずは軸足を使ってしっかりフルスイングできるように、スイングの基本から教えるようにしています。しかし、スイングの悪い癖というものは体に染み付いてしまっているため、これを直すのは容易ではありません。本人ががんばっているのに、半年経っても直らないという場合もあります。

また、ゴム製の軟球を打つのと、芯にコルクの入った硬球を打つのとでは、バットの感触がまったく違います。軟球は多少詰まった当たりでも飛んでいきますが、硬球は詰まったらまったく飛びません。さらに軟式バットは芯のエリアが広いですが、硬式バットは芯のポイントが小さく、芯を外せばまったく打球が飛ばなくなります。

軟式と硬式では「打つ」ことに関してかなりの違いがありますが、これは素振り、ティーバッティング、フリーバッティングを繰り返しながら、硬式仕様に慣れていくほかありません。とくに入学して3ヶ月ほどは、1年生には素振りとティーバッティングを徹底して練習させます。

また、投げる、守る、打つ以外にも、走塁やサインプレーなどで基本的な理解ができていない選手が結構います。そういった基本を理解してもらうために、エンドランやスクイズの時の走塁、第2リードの取り方、オーバーランの仕方など、先輩たちの動きなども見ながらひとつずつ学んでもらうようにしています。

スイングの修正は「分習法」で

前項で述べた1年生の「打つ」ということに関して、もうひとつお話ししておきたいことがあります。

1年生の選手のほとんどは、スイングの基本である「レベルスイング」ができていません。右手と左手の使い方もわかっておらず、ダウンスイングになったり、アッパースイングになったり、ドアスイングになったり。「トップ」の正しい位置もわかっていないので、スイングの軌道がまったく安定しません。また、とくに下半身の使い方がわかっておらず、軸足が突っ張ったままの状態で体重移動してしまう選手が多く見受けられます。

そこで私は、第1章でご説明した「理想的なスイング」を1年生たちに基本から教えています。それも「ただ振らせる」のではなく、「分習法」という方法を用いて、選手たちに体で理解してもらうようにしています。

「分習法」とは読んで字のごとく、バッティングの動きをそれぞれパートで個別に分けて、習い、覚えていく方法です。

最初にまずは下半身の動きだけ、その後にテークバックだけ、次にスイングの軌道をゆっくりと、といった具合に、各部の動きをじっくり体に覚え込ませます。そして最後に、下半身と上半身の動きを合わせて「理想のスイング」に近づけていくのです。

正しいスイングがまったくわかっていない1年生に対して、この「分習法」は体の動きを個別に覚えていくのでとてもわかりやすく、有効な練習方法です。鏡など自分の姿が映るものを利用しながら行うと、さらにわかりやすくなるのでおすすめです。

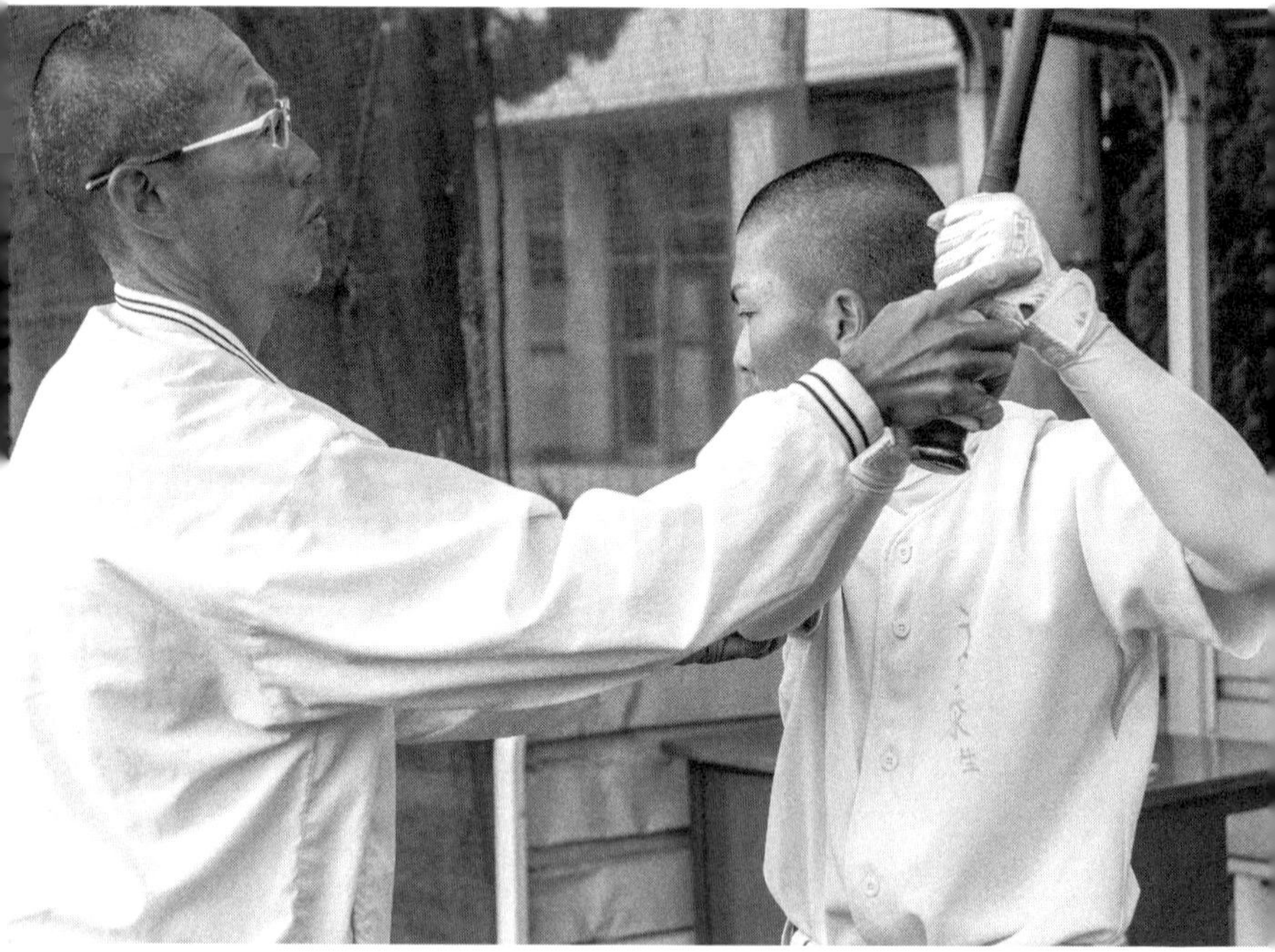

ピッチャーの育成

大冠では「打ち勝つ野球」を成就すべく日々の練習に励んでいますが、打線が何点取っても、ピッチャーが相手に打たれまくっていては打ち勝つことはできません。また、ピッチャーが頼りなければ、チームは守備での緊張感が増し、必要以上に神経を使うことになって攻撃で集中することができません。つまり、大冠の「打ち勝つ野球」を実践するためには、「投手力の整備」も必須の条件ですから、私はバッティング技術の向上と同様にピッチャーの育成にも力を注いでいます。

理想としては先発のできる右と左の本格派ピッチャーをひとりずつ、さらにワンポイントでも繋いでいける変則ピッチャー（サイドやアンダースロー）、これも右と左で3～4人は揃えたいところですが、なかなかそこまで人材が集まらないのが現状です。本来であれば先発完投型の大エースを育てたいところですが、なかなかそうもいかず、毎年継投策でしのぐしか方法がありません。

私は小学生で野球を始めてから高校の途中まで、ポジションはずっとピッチャーでした。そんなことから今でもピッチャーの指導は実はバッティング以上に好きですが、ピッチャー候補の選手への指導は、バッティングと同様に練習中にマンツーマンで行うようにしています。ネットに向けてボールを投げたり、シャドーピッチングをしたりしながら、正しいモーションを習得させていきます。

ピッチャーのモーションのチェックポイントとして挙げられるのは、テークバックの仕方、腕の振り方、体重移動などがメインとなりますが、ピッチャーは何よりも制球力がなければ務まりません。ですからコントロールをよくし、さらに投げる球の質を上げていくにはどうしたらいいかを、選手と一緒に徹底的に追求していきます。そして、それらがある程度できるようになってきたら、今度は変化球のコントロールとバッターを打ち取るための「決め球」（フォークやチェンジアップなどの落ちる系の変化球）を覚えさせるようにしています。

では、私が「この選手にピッチャーをやらせてみよう」と思うのはどういった選手なのか。そのポイントはいくつかあります。

まず最初にチェックするのは、しっかりと腕が振れているかどうか。そして、ボールを投げる時に体重移動がちゃんとできているか。さらにボールを前のほう（より打者に近い位置）でリリースできている選手も「ピッチャーにしてみたいな」と思わせます。また、大きなテイクバック（投げる時に体の後ろほうまで手が入る）なのに、腕がよく振れている選手は「サイドスローにしたら面白かも」と思わせてくれる逸材です。

選手それぞれの投げ方をチェックするのは、キャッチボールをしている時が一番なのは言うまでもありません。高校野球の指導者の中には、バッティング練習になってからグラウンドに出てくる、あるいはノックできる状況になってからグラウンドに出てくる人も多いですが、私はできる限りキャッチボールの時点から選手たちを見るようにしています。

ちなみに現在の大冠には100人を超える選手がおり、その中でピッチャー候補は3年生に9人、2年生に4人、1年生に5人。毎年、状況によって多少増減はありますが、だいたい20人ほどのピッチャー候補を揃え、その中から各大会に向けてベンチ入りピッチャー5〜6人を絞り込んでいくようにしています。

ピッチャーは個性を生かす

ピッチャー出身の指導者は、どうしても「きれいなフォーム」とか、「いい回転のボール」といったものを求めがちです。しかし、プロ野球などを見ていてもわかるように、あまりきれいな投げ方ではないピッチャーでも、あるいは球筋にとてもクセのあるピッチャーでも、相手打線を抑えるいいピッチャーはたくさんいます。

そういったことから私はよほどのことがない限り、ピッチャーの投げ方を矯正することはしません（その投げ方をしているせいでボールにキレがない場合や、肘や肩を痛める可能性がある間違った投げ方をしている場合は修正しますが）。

変則的な投げ方も、クセ球も、ピッチャーにとってはそれがひとつの「武器」となることもあります。かつて海を渡りメジャーリーグで大活躍したトルネード投法の野茂英雄投手も、ボストン・レッドソックスでセットアッパーとして活躍した岡島秀樹投手も、実にクセのある投げ方をしていましたが、彼らはそれを武器にして野球界の頂点であるメジャーリーグで成績を残したのです。もし、彼らがそれまでの野球人生の中で指導者にフォームを修正されていたら、きっとプロ野球で活躍することも、海を渡ってメジャーリーグに行くこともなかったでしょう。

バッティングにしても、ピッチングにしても、その選手の個性、特徴というものがありますから、それは最大限尊重したほうがいいと私は思っています。何でもそうですが、型にはめすぎるのは、その選手に窮屈な思いをさせるだけですからよくありません。

「ここは生かしてあげよう」

「ここは修正しなければいけない」

その線引きがしっかりできている指導者が、選手の実力を伸ばす「いい指導者」なのではないでしょうか。私もそんな「いい指導者」になるべく、これからも日々研鑽を積んでいきたいと思います。

ブルペンに入る前のキャッチボールが重要
――変化球の精度を上げる

大冠には毎年20人程度のピッチャー候補がいますが、ブルペンが4ヵ所しかないため20人をグループ分けし、ローテーションを組んでできるだけ効率よくトレーニングやピッチングを行うようにしています。

ローテーションで行うメニューはラン（ダッシュ）系、体幹（メニューに関しては後述）、シャドーピッチング、ブルペンでのピッチングといった具合です。また、ブルペンに入った時点ですぐにキャッチャーを座らせたピッチングができるよう、その直前にしっかりとキャッチボールをするようにもしています。

そのキャッチボールはスナップスローから始まり、下半身の体重移動を確認しながらのスローイング（塁間程度）、遠投（70～80ｍ）、さらに最後は25～30ｍほどの距離で「変化球」のキャッチボールをさせています。こうして、各ピッチャーはキャッチボールでしっかりと肩を作っていますから、ブルペンに入ってすぐにマックスの状態でピッチング練習ができるわけです。

ブルペンに入る直前に行っている、この「変化球キャッチボール」が実に効果的です。

互いに「フォーク」「チェンジアップ」と球種を言ってから相手に変化球を投げます。

25～30ｍの距離で投げさせるのはなぜかというと、腕をしっかりと振る意識を持たせるのと同時に、実際の投本間（18・44ｍ）より距離が長くなることで変化球の軌道が確認しやすくなるからです。

変化球の投げ方は、最初は私が教えます。「スライダーはこう握って、こう切る」「カーブは肘からこういう感じで持っていけ」と、投げる時の基本的なコツを伝えます。しかし、これもバッターと一緒なのですが、腕の使い方、肘の使い方など、基本的な「理想」はあっても、細かい部分の体の使い方は選手によって異なります。

例えば、縦のスライダーの投げ方の基本はこうだけれども、ある選手にとってはちょっと違う投げ方のほうがより曲がるようになったとか、フォークを基本通り深く挟んでもあまり落ちないが、スプリットのように浅く挟んだら落ちるようになった、などということはいくらでもあります。ですから、私は握り方や投げ方など、変化球の基本は一通り教えますが、その後の「変化球のキレ」を極めていく方法は各自に任せています。

ブルペンに入る前のキャッチボールはピッチャー同士で投げ合うため、お互いに変化球の曲がりを確認しつつ「今のあんまり曲がってないよ。もっとリリースを遅らせたら？」とか「今お前が投げたフォークいいね。どうやって投げてるの？」といった具合に、お互いに曲がり具合を指摘したり、場合によっては変化球の投げ方を教え合ったりしています。

いろんな球種を覚えたり、コントロールをよくしたりするには、このようにある種の「遊び感覚」で、選手同士が話し合って行うこともとても大切だと思います。

肩を強くするにはとにかく遠投
――大冠ならではの「手投げノック」

1年生の頃は肩が弱かったのにその後めきめきと力を付け、3年生になった時にはまわりがビックリするくらいの鉄砲肩になったため、野手からピッチャーに転向させた選手が以前いました。3年生になってからピッチャーに転向するのは異例といえば異例なのですが、その選手のように3年間でみるみるうちに肩が強くなっていく選手は結構います。

中学校の部活は、活動時間が1~2時間程度です。その中でキャッチボールする時間はごくわずか。肩を強くするには、何よりも「遠投」することが一番ですから、毎日わずかな時間しか遠投していないようでは肩は強くなりません。

大冠では、肩を強くするために、普通のキャッチボールをした後に「手投げノック」という一風変わった練習を行っています。

「手投げノック」のやり方はこうです。A地点からB地点まで80mほどの距離を取ります。さらにその中間にC地点。各地点に3人ずつ選手を配置し、Aにいる選手がB地点に向けて思いっきりボールを投げます（外野フライのイメージで）。Bの選手はそのボールを捕った後、中継役のCにボールを投げ、CからAにボールを返す。これを繰り返していき、ABCそれぞれの選手たちもローテーションで場所を移っていきます。

この「手投げノック」は各選手の肩を強くするだけでなく、B地点の選手のキャッチングおよびフィールディング（捕球後のスローイング含む）の練習、さらにC地点の選手の中継プレーの練習にもなり、限られた時間と場所を有効に使うための練習としてできる限り毎日行うようにしています。

各選手の肩の強さやフィールディングなどが一目瞭然のため、私はこの練習を必ず見るようにしています。そしてその中で「お、こいつは伸びているな」と感じればポジションを替えてみたり、試合で使ってみたりしています。

木曜は選手主導の「ポジション別練習」

シーズン中の土日はほぼ練習試合を入れていますが、その反省点を改善するために「自分は今後こういう練習をしていきます」ということを記したノートを各選手に火曜に提出させています。そして各自の書いたそのノートの「練習」を、木曜に「ポジション別練習」として、選手主導で行うようにしています。

木曜の練習は選手が主導ですから、私やコーチなどの指導者は基本的に口を出しません（もちろん相談されれば助言はします）。大冠では各ポジションそれぞれにリーダーがおり、そのリーダーが中心となって選手同士で相談し、木曜の練習メニューを考案しています。

そもそも木曜は職員会議があるので、最初から私たち指導者が練習を見ることができません。そこでこの練習方法を取り入れるようになったわけですが、選手たちの中に「自分たちがしっかりしなければ」という自主性が生まれ、なおかつ選手同士の意見交換も活発になりました。この木曜練習はチームにとっていろんなメリット、収穫をもたらしてくれています。

ポジションごとに練習を行うため、下級生は上級生の動きからいろんなことが学べますし、上級生から助言をもらうこともできます。また、練習試合で「二塁への牽制」がうまくいかなかった場合はピッチャー、ショート、セカンド、3つのポジションが合同で練習に取り組んだり、各ポジションが連携して練習したりする場合もあります。

大冠は100人を超える部員がいるため、キャプテン、副キャプテンだけでは全体をまとめることはできません。そこで指揮系統を増やすために、ポジション別のリーダーを設け（選手たちに決めさせています）、細かいところまで目が行き届くようにしています。

そして、そのポジション別のリーダーが一番活躍するのが、木曜の練習なのです。

守備練習も限られた時間と場所を生かす

大冠の練習の大半はバッティング中心ですが、毎日の練習のうちの3割は守備練習にあてています。土日および休み期間中など丸一日練習できる場合、練習は8時スタートでその後11時くらいまでは守備練習をしています。

「ノックで基礎練習はしない」のが大冠の守備練習のモットーです。なのでノックの前に各ポジションごとにゴロ捕球の基本練習をし、そこで足の使い方、グローブの使い方の基礎を固めます（シングル、逆シングルキャッチの動きなどもここで反復して体に叩き込みます）。そして、そこから実戦を意識したシートノックに入るようにしています。

ノックの前に各ポジションごとに基礎練習をするのは、反復練習を繰り返し、数をこなすことでその動きが体に染み付いていくからです。バッティングが、数を打てばだんだんバットが振れるようになるのと同様、守備もその動きを繰り返すことで「基本」が身に付き、フィールディングがよくなっていきます。何事も「数をこなす」ことはとても重要だと思います（もちろんそこに「練習の質」も加わりますが）。

また、数をこなすため、11月から1月くらいにかけてのシーズンオフ期間は、ダイヤモンドを15メートル四方の小さいサイズにして、近距離から打つシートノックも行っています。こうすることで小さなダイヤモンドを何面か設けることができますから、限られたスペースを有効に使う、数多くボールを捕るという意味合いと同時に、強く速い打球を捕ることでフィールディングを鍛え、球際に強くなることを目的としています。この近距離ノックを繰り返すことで、打球に飛びつくタイミングやグローブの差し出し方など、守備の技術が向上していくのです。

走塁練習はバッティング練習と同時に

大冠ではバッティング練習の時、内野の内側をネットで囲うなどして、その外側で打球判断を伴った走塁練習をするようにしています（写真①）。各塁にランナーを付け、そこからバッターの打球を見て各自が判断しスタートを切るのです。

一塁ランナーの場合、3つある打撃ケージの一番左端（一塁側）で打っているバッターの打球に合わせ、エンドランをイメージしたスタートを切ります（写真②）。打球によって二塁ストップ、あるいは三塁を狙う、あるいはフライなら戻るという走塁をし、打球判断を養います。

内野の内側をネットで囲い、その外側で打球判断を伴った走塁練習を行う

一塁走者はエンドランをイメージしてスタートを切り、様々な打球判断を養う

二塁ランナーの場合、真ん中のゲージで打っているバッターの打球で判断します（写真③）。先ほども述べたように大冠ではショートへの打球はゴロゴーですから、サード以外に飛んだ内野ゴロならスタート、あるいはライト側に上がったフライならタッチアップ、外野に抜けた当たりなら本塁へ突っ込むといった打球判断に基づいた走塁をします。

三塁ランナーの場合、一番右端（三塁側）の打撃ゲージのバッターの打球を見ます。防御ネットが多少邪魔になるため、本来の三塁ベースよりも多少ファールゾーン寄りの場所に三塁ベースを設置しています（写真④）。ランナーは打球がゴロならその当たりを見て本塁に突入するかストップするかを判断し、フライならタッチアップ、セーフティスクイズならスタートを瞬時に切る、といった走塁をします。

大冠では部員が100人を超えるため、単独で走塁練習だけをしようと思ったら、すぐに1〜2時間経ってしまいます。走塁練習だけにそこまでの時間を割くわけにはいきませんから、このようにバッティング練習と連動して走塁練習を行っているのです。

二塁走者は、内野ゴロやタッチアップ、外野を抜けた当たりなどの打球判断を磨く

三塁走者は、ゴロゴーかストップかなど、本塁に突入するかどうかの打球判断を養う

スイングを安定させるための体幹トレーニング

バッティングでボールを遠くに飛ばす、強い打球を打つためには、アウターマッスルだけでなく、体幹の力がとても重要になってきます。

体幹トレーニングによって腹筋、背筋といった体の芯を作る筋肉を強化し、バットに体の力をスムースに伝えられるようにしていく。これがとても大切だと考えるからこそ、大冠では体幹トレーニングを重要視しています。

ここでは大冠で実践している体幹トレーニングをご紹介します。

1 プランクからの左右の足上げ

肩、腰、足首が一直線になるように意識し、肘とつま先だけで姿勢をキープ（この姿勢をプランクといいます）します。

そして右足、左足の順に膝を曲げるようにして上げます。背骨に沿った体の芯の筋力を鍛えます。

2 サイドエルボーブリッジ

前腕、足底外側部だけで体を支え、さらに上側に来ている足の上下を繰り返します。

1

2

20回ほどやったら向きを左右入れ替え、逆側のトレーニングも同様に行います。体の外側の筋肉と股関節の筋肉を鍛えます。

3 ヒップリフトワンレッグ

仰向けになり、片方の膝を曲げ、足の裏と肩の部分だけで体重を支え、腰を浮かせます（片方の足は伸ばしたままです）。膝、骨盤、胸が一直線になることを意識します。

30秒ほどやったら左右を入れ替えます。背筋を中心とした体の裏側の筋肉を鍛えます。

3

4 クランチ

腹筋を鍛えるメニューです。膝、股関節を90度曲げ、後頭部で手を組み、肘と膝をくっ付ける動きを20回繰り返します。

5 ツイストクランチ

クランチと同様に腹筋を鍛えるメニューですが、これは体の捻りを使うことで、側筋も付きます。右の肘と左の膝を付け、その後に逆の左の肘と右の膝を付けるようにします。これも20回繰り返します。

4

5

6 ストレートレッグクランチ

上半身と下半身を浮かせ（足は真っ直ぐ、両手は真っ直ぐに広げる）、尻だけで体重を支え、30秒程度静止します。腹筋を総合的に鍛えるメニューです。

これらの体幹トレーニングを毎日続けることによって、スイングの速さ、打球のスピードなどは確実に上がっていきますのでぜひお試しいただきたいと思います。

6

下半身を鍛えるタイヤトレーニング

バッティングは上半身だけでなく、下半身の力がとても重要です。大冠では下半身を鍛えるために四股の他、ここで紹介するタイヤを使った3種のトレーニングを取り入れています。古典的な練習メニューですが、下半身を強化する効果は絶大です。

1 タイヤ押し

タイヤを両手で押しながら20mほど走ります。

2 タイヤ引きジャンプ

タイヤを引きながら両足でジャンプします。こちらも20mほど。

3 タイヤ押しジャンプ

タイヤを両足でジャンプしながら押していきます。

太もも、ふくらはぎ、股関節、膝といった下半身の総合的な筋力を鍛えるために、このタイヤを使ったトレーニングはとても効果があります。野球ではピッチャーもバッターも、下半身の動きが上半身へと伝わっていくので、投げる、打つという基本的な動きのパワーアップにこういった体力トレーニングは欠かせないと思います。

1

タイヤを両手で押しながら
20mほど走る

2

次に、タイヤを引きながら両足で
20mジャンプ

3

最後に、タイヤを両足でジャンプ
しながら20m押していく

筋肉をバランスよく付ける
――スタミナを付けるのに長距離走は必要なし

筋力トレーニングを行って体を大きくする（アウターマッスルを付ける）のも大切なことですが、それと同時に体幹やインナーマッスルのトレーニングを行い、体の筋肉をバランスよく鍛えていくことが何よりも重要だと考えています。

大冠の選手たちは体幹を鍛えつつ、ローテーションを組んで体育館にあるジムで様々な器具を使った筋力トレーニングを行っています。大冠ではとにかく「バットを振る筋力」を大事にしていますから、ジムで筋トレする際にも各自がバットを持参し、筋トレ1セットが終わったら素振りを100回するようにもしています。

また、「スタミナを付けるため」として10キロ、20キロと長距離を走らせる学校もあるようですが、私は大冠の選手たちに長距離走は一切させません。なぜなら、長距離を走らせると体の筋肉が細くなる、イコール体が小さくなってしまうからです。

体を動かす筋肉には、大きく分けて遅筋と速筋の2種類があり、持久力のある細い筋肉が遅筋、瞬発力のある太い筋肉が速筋となります。マラソンランナーはみなさんスタミナがありますが、体が細いのは遅筋が発達しているからです。

坪
田

野球にもスタミナは必要ですが、マラソン選手のようなスタミナ、持久力は必要ありません。それよりも「打球を遠くに飛ばす」「瞬時にトップスピードになる」といった瞬発力（＝速筋）のほうが求められていますから、速筋を鍛えつつ、短い距離のダッシュを何本も繰り返すなどしてスタミナを付けていくことが大切だと考えています。実際に、長距離走をやらなくなったことで、大冠の選手たちの体は平均的に大きくなりました（この後の項で述べる「食事」も、体を大きくする上でもちろん大切です）。

ちなみに、ピッチャーが一番スタミナを必要とされるポジションです。そこで私はピッチャーにスタミナを付けるメニューとして、150〜200mダッシュをインターバル形式で10本、20本と行ったり、河川敷の長い坂を利用した坂道ダッシュなどを取り入れたりしています。

体を大きくする食育
——隙あらばおにぎりをパクリ

昔は強豪私学と対戦すると、いつも「なんで私学の選手はあんなに体が大きくて、うちの選手は細いんだろうか？」と思っていました。

「どうしたら選手たちの体を大きくできるのだろう？」

それが私の大きな悩みのひとつでもありました。

「打ち勝つ野球」を目指すようになり、本気でバッティング強化に取り組むようになってから、大冠ではトレーニング以外にも、食事に関して非常に気を使うようになりました。いわゆる「食育」の重要性に気付いたのです。

近年では、4月に1年生が入部してくると、私が講師となって保護者のみなさんに食育の講習を行うようにしています。講習では、食育に関して記したプリントを配り、タンパク質を多く含む食材（鶏肉や納豆、牛乳など）を摂取することの重要性をご説明するようにしています。

また、大冠では保護者の方々に、昼ごはんのお弁当の他に、おにぎりを「補食」として持参していただくようお願いしています。朝練から放課後の練習まで、選手たちは学校で12時間以上を過ごし、体を動かし続けています。体を大きくするためには、食料は昼のお弁当だけでは足りません。そこでお弁当の他におにぎりも用意してもらい、選手たちに練習中の空いた時間などに食べさせています。食べるタイミングは各自の判断に任せていますから、練習中はベンチ脇などいたるところで選手たちがおにぎりを食べています。

朝練終了後から放課後の練習終了後まで、多い選手で約20個のおにぎりを食べます。毎日20個のおにぎりを用意する保護者の方々も大変でしょうが、そういった保護者のみなさんのサポートがなければチームを強くしていくことはできないのです。

また、その他にも選手たちは市販のプロテインも摂取していますし、昼休みにマネージャーがご飯を炊いて、選手たちのお弁当の上にさらにご飯を乗せて食べさせています（最近は部員の人数も増えたため、ご飯補給は2日に1回のペースです）。

保護者の方々の協力のもと、こういった食育を続けてきたおかげで、最近では強豪私学と対戦する公式戦などで整列している姿を見て、「どっちが私立だ？」というような声がスタンドから聞こえるようになりました。実際に強豪私学とグラウンドで対面し、「体格的にうちのほうが勝っているな」と感じることも多くなりました。

大冠はこれからも「打ち勝つ野球」を追求していきますが、やっと効果が現れてきた「食育」も、この先ずっと継続していきたいと考えています。

終章

全国一レベルの高い地域で大阪桐蔭に打ち勝ち、甲子園出場を果たす！

壁は高いほど越えがいがある

大阪桐蔭に限らず、強豪と呼ばれる私立校はたいていの場合、スポーツ科や特待制度などを設け、有力選手を地域内外から集めています。そういった理由もあって、甲子園常連の私立校の中には、地域の方々から「地元の代表ではない」などと揶揄されることもあるようです。

しかし、大阪桐蔭にしても、その強さは最近始まったわけではありません。大阪には「私学七強」と呼ばれた時代があり、その後のＰＬ黄金時代があり、そういった数々の強豪校と勝った、負けたを繰り返す中で、大阪桐蔭は今の強さを獲得したのです。

甲子園で活躍する大阪桐蔭を見て、全国の野球少年が「僕も大阪桐蔭で野球をしたい」と思うのは当然です。全国各地にいるであろう将来有望な野球少年ほど、「甲子園」を目標にしているでしょうから、そういった選手たちが「大阪桐蔭に行きたい」と思うのは当たり前のことなのです。

私は、大阪桐蔭と同じ地域の監督として、そんな圧倒的な強さを誇る大阪桐蔭だからこそ、「倒しがいがある」と感じています。大阪桐蔭のユニフォームを見る度、「このチームに勝って、甲子園に行くんだ」という闘争心が沸き起こってきます。

2017年、春のセンバツでは大阪桐蔭と履正社がともに勝ち上がり、史上初の大阪勢同士の決勝になりました。全国1・2位の学校と同地区で野球をしている。こんな誇らしいことは野球人としてありません。「全国1・2位がいるから勝てっこない」と嘆いたり、憂いたりしているだけでは、それこそ罰が当たります。全国1・2位と同じ地区にいるこの境遇にやりがいと幸せを感じ、「あいつらを倒してやる」という強い気持ちを持たなければ、甲子園に手が届くわけがありません。私たちの目の前には、全国一といっていい高い壁が立ちはだかっていますが、必ずやこの壁を越えてみせます。

今の大冠の選手たちに「私学コンプレックス」はまったくありません。大阪桐蔭や履正社を前にしても、臆するどころか「なんや、俺たちの方が体格ええやん」と高をくくる者が出てくるほどです。とにかく、大冠の選手たちは「全国一レベルの高い地域で野球をしている」ということに喜びを感じ、前向きに野球に取り組んでくれています。

大阪桐蔭の強さに学ぶ

2017年、夏の大会の決勝で大阪桐蔭と戦い、彼らの強さに直に触れたことで、彼らの強さはどこからきているのか、私は痛切に感じることができました。

近年、トレーニング法、食事法が進化したことで、高校球児たちの体はどんどん大きくなり、そういった傾向は甲子園に度々出場するような強豪私学ほど顕著です。甲子園を見ていても、プロ野球選手と見紛うほどの体つきをした選手がたくさん出てきます。

大阪桐蔭もそんな強豪私学のうちのひとつですが、彼らと公式戦で実際に戦い、私はその強さが「パワーだけではない」と痛感しました。

パワーだけなら、もしかしたら大冠のほうが勝っている部分があったかもしれません。しかし、大阪桐蔭の強さはそんなところにはありませんでした。ピッチャーとバッターの駆け引き、試合の流れを感じ、いち早く動き、準備するという試合運び、ベンチワーク……。すべてにおいて彼らは大冠の上を行っていました。選手一人ひとりの「野球を考える力＝野球脳」がとても優れていることを実感しました。

試合中、目で見て、耳で感じた情報を瞬時に処理し、その場、その場の状況に適応する能力を大阪桐蔭の選手たちは持っています。バッターとしてカウント的に追い込まれても、彼らはボール球には手を出しません。また、早打ちをしない、あるいは甘いボールを逃さないなど、置かれた状況に応じたバッティングを彼らはしていました。

もし逆に、大冠がリードしている状況で大阪桐蔭に追い上げられる立場であったとしたら、大冠の選手たちは多分焦り、ボール球に手を出したり、早打ちをして凡打になったりと、いつもの自分のバッティングができなかったに違いありません。2点差にまで追い上げた最終回、大阪桐蔭のエース・徳山投手は動揺を隠せませんでしたが、その他の野手たちは実に落ち着いていました。ああいったピンチの状況になっても、平然と自分たちの野球ができる。それが大阪桐蔭の強さなのです。

大阪桐蔭の選手たちの優れた野球感覚は高校に入ってから身に付いたものではなく、少年野球の頃から大舞台を経験し、緊迫感みなぎる戦いの中で養ってきたものなのでしょう。野球に対する勘、勝負どころを察知する能力、そういった現場でしか育まれない感覚が、大阪桐蔭の選手たちは研ぎ澄まされているのです。

そんな素晴らしい選手たちの集まりである大阪桐蔭を打ち倒すには、大冠の選手たちも数多くの試合をこなし、グラウンドという現場で経験を積み、野球感覚を磨いていくしか方法はないと思っています。

常に強者と戦うことで、メンタルは鍛えられる

常に強い学校と試合をしていれば、自然と選手たちのメンタルも鍛えられていきます。

これは実戦を通してでなければ決してできないことで、大阪桐蔭の選手たちが優れている

のは、そういった緊張感みなぎる試合を数多くこなしているからです。

大冠も近年、全国の強豪と練習試合を数多く行っています。強豪を相手にした場数は、他の公立校よりもかなり踏んでいるほうだと思います。そうやって強豪校と対戦してきたことが経験となり、その蓄積があったからこそ、決勝戦で大阪桐蔭をあそこまで追い詰めることができたのです。数年前の大冠では、大阪桐蔭を相手にあそこまで戦うことはきっとできなかったでしょう。

普通の公立校が大阪桐蔭クラスの相手と対戦したら、目に見えない「圧力」を感じ、戦う前から気持ちの上で負けてしまいます。10年以上前の大冠はそんな公立校のうちのひとつでしたが、今はだいぶ強豪慣れし、大阪桐蔭を相手にしても怯むことなく、最後は自分たちの持っている底力を見せてくれました。

3年前にも、大冠の選手たちは強豪を相手に、素晴らしい戦いを見せてくれたことがあります。それは2015年秋の大会の3回戦、相手は履正社でした。当時、履正社のエースは寺島成輝投手（現・東京ヤクルトスワローズ）でした。寺島投手は高校球界屈指の左腕として全国に知られる存在でしたが、大冠打線はそんな好投手から15安打を放ち、負けはしたものの7－8と善戦しました。

この時の大冠のレギュラーには、中学時代にボーイズで寺島投手とチームメートだった選手が3人いました。寺島投手はボーイズのチームでももちろんエースでしたが、うちの

3人の選手は控えでした。

3人は大冠ではキャッチャー、セカンド、サードのレギュラーです。3人は大冠に入学し、全国の強豪と対戦する中で自信を深めていました。彼らには「中学時代は控えだったけど、今は違う」という自信があったので、試合前から「寺島を絶対に打つ」という気迫がみなぎっていたのです。そんな3人に影響され、チーム全体が「今日はやってやる！」というムードになっていました。

そして試合になると、その3人が口火となり、大冠打線が爆発しました。寺島投手は全国屈指の好投手です。その日もストレートは常時140キロ台中盤を記録していました。そんな好投手から大冠打線は15安打したのです。まぐれで二桁安打は記録できません。3人の「俺たちだってやればできるんだ！」という熱い思いが、15安打という結果となって表れたのだと思います。

その時、寺島投手は試合には勝ったものの泣いていました。中学時代からボーイズの日本代表に選ばれ、高校時代はU18日本代表、さらにそのまま高卒のドラフト1位指名でプロに進むほどの逸材です。後で聞いたところによると、寺島投手は15本ものヒットを打たれた経験はそれまでなかったそうです。被安打15、失点7という結果がきっと許せなかったのでしょう。

相手が強ければ強いほど奮い立つ。そんな強さを大冠の選手たちは身に付けつつあるように感じます。これからももっともっと場数を踏めるよう強豪校との対戦を組み、彼らの強さに磨きをかけていってあげるのが私の仕事だと思っています。

今、やっと8合目
——甲子園出場に向けてあと何が必要か

8年ほど前に「打ち勝つ野球」に方針転換したばかりの頃、まだ選手たちは強豪校との対戦に慣れていませんでしたから、大阪桐蔭、履正社のみならず、関大北陽や東海大仰星といった強豪と当たると「これはあかん」と、戦う前から気持ちの上ですでに負けているような状態でした。

全国各地に遠征し、強豪校と対戦しても、試合前の挨拶で相対しただけで「こいつら、強そう」と圧倒されていました。試合前からビビッてしまっているわけですから、そんな精神状態で勝てるわけがありません。打ち勝つ野球を目指しているのに、打ち負ける試合がしばらく続きました。

しかし、そういった強豪校との練習試合を一年、二年と続けていくうち、選手たちの気持ちに徐々に変化が表れるようになりました。好投手が相手であっても「このピッチャーならいけるんじゃないか」という自信が選手たちの中に芽生え、練習試合の勝敗も五分五分となり、やがて勝ち越せるようになっていったのです。

最近では、大会で大阪桐蔭や履正社と同じブロックに入ったとしても、選手たちに動揺はありません。

「どんな組み合わせにせよ、並み居る強豪たちに勝たなければ目標である『甲子園』に行くことはできない」

「だったら目の前の一戦に集中し、自分たちの持てる力を発揮していくだけだ」

選手たちは、本気でそう思ってくれるようになりました。

山に例えれば、今、私たちは甲子園という頂の8合目まで来た実感があります。20年かけてようやく8合目まで辿り着くことができました。しかし、この先には今までよりさらに険しさを増した断崖が2合、続いています。

残りの2合をいかに登っていくか。この頂を登り切るためには、私自身ももっと野球を極め、執念を燃やして采配をしていかなければならないと感じています。

大阪桐蔭との決勝戦で私は、ピッチャーの代えどころや代打を出すタイミングなどの采配を、一瞬の躊躇によって間違えました。その場の状況を見て、その瞬間のチームの力を出し切る最善の采配をしなければ、日本一高い山の頂には到達できません。選手だけでなく、私も成長しなければ、甲子園の土は踏めないのです。

２０１８年のチームは、昨年の準優勝チームと比べると投手力では勝っているものの、打線の繋がり、パワーの面でやや見劣りします。夏までに選手たちがどこまで成長してくれるか。伸びしろのある選手たちばかりですから、彼らの実力をもっともっと伸ばすべく、私も指導に尽力していきたいと思っています。

部員確保のために
——手作り新聞を近隣中学に配布

春から夏にかけて、部員を確保するために私は時間の許す限り、近隣の中学校野球部を回るようにしています。

近隣の中学生に、大冠の野球部に入りたいと思ってもらうには、何よりも「大冠高校野球部」が今、どのような活動を行っているか、またどのような戦績を残しているかといった情報をまずは知ってもらう必要があります。そこで本校では、野球部の保護者および関係者に配布している活動報告新聞『Ｗｉｎｄ Ｕｐ（ワインドアップ）』を近隣の中学校野球部にも配布する活動を行っています。

『Ｗｉｎｄ Ｕｐ』は月一回、マネージャーたちの手作りで発行している新聞です。大会が始まればその結果報告、大会がなければ練習試合の結果やどのような練習をしているかなど、「大冠野球部が今、何をしているか」がすぐにわかる内容になっています。

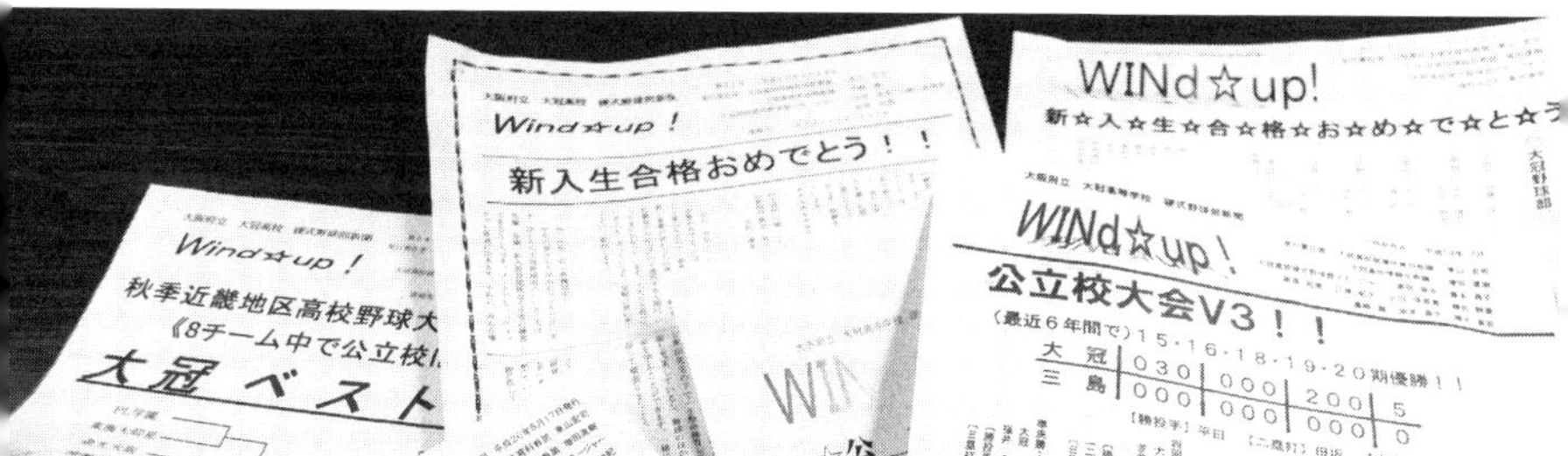
Wind☆up！
新入生合格おめでとう！！
WINd☆up!
新☆入☆生☆合☆格☆お☆め☆で☆と☆う
WINd☆up！
公立校大会V3！！
（最近6年間で）15・16・18・19・20期優勝！！
春季大会ベスト16！
秋季近畿地区高校野球大
《8チーム中で公立校は
大冠 ベスト
WIN ☆up!
春季近畿地区高校野球大会大阪府予選
大冠史上初 Best4！！！
大冠、初の4強入り

この手作り新聞を毎月、近隣の中学校野球部へ、その中学出身の部員が持っていくようにしています。保護者や周辺配布分を含め、1000部ほどは新聞を刷っていると思います。試合結果の報告では、選手の名前の後に必ず「出身中学」も記すようにしています。そうすると母校の後輩たちも「あ、先輩ががんばっているんだな」と理解してくれます。毎月、このような報告を続けているおかげで、中学校の生徒たちも大冠野球部をとても身近に感じてくれているようです。

この新聞作りと配布活動は20年以上続けています。こういった地道な活動も、公立校が部員を集めるためにはとても重要なことなのです。

気になる練習法は貪欲に吸収

私は大阪府立校の監督として、あと数年で定年を迎えようとしていますが、公立の中には若くて血気盛んで、熱心に指導に取り組んでいる新世代の監督さんもたくさんいます。大冠のように「強豪私学を倒そう」とがんばっておられる方もいます。盗塁、エンドランなどの機動力野球で私学を倒そうとしている監督さんもいますし、小技を磨き「スモールベースボール」に勝機を見出そうとしている監督さん、個性的なピッチャーを揃え、変幻自在のピッチングで強豪を惑わそうとしている監督さんなど、いろんな方が「打倒・強豪私学」を合言葉にがんばっています。そんな若き監督さんたちの野球に触れ、私も学ぶべきところは貪欲に吸収しようと思っています。

大冠の「打ち勝つ野球」が関西に浸透してきたことで、「どんな練習をしているのか、ちょっと見せていただきたい」という監督さんも増えています。府内の監督さんよりも、他府県からわざわざいらっしゃる監督さんのほうが多く、最近は月に2~3人はそういった方が来校されます。

私が実践してきた野球、そして練習方法が他校の役に立つのであれば、これほどうれしいことはありません。本書では、私が今までやってきたことを包み隠さずご紹介していますが、本校に来られた監督さんたちにも、私は聞かれたことにはすべてお答えしています。少しでもみなさんのお役に立ちたい。それが、私がお世話になってきた野球界への恩返しだと思っています。

私は今まで、全国のいろんな学校と練習試合をしてきました。そしてその中で「これはいいいな」と思う練習などは随時、大冠の練習にも取り入れてきました。最近では、他の高校の練習方法を取り入れることは少なくなってきましたが、その代わり、大学野球の練習などを参考にする機会が増えています。

野球部の3年生は夏の大会が終了すると、今度は進学に向けてそれぞれが活動を始めます。そんな中、3年生から「〇〇大学に進学し、野球を続けたい」と聞けば、私はその大学の野球部を必ず見に行くようにしています。そして現地に赴き、そこでどんな練習がなされているのか（とくにバッティング練習）、ブルペンでピッチャーはどのようにピッチングしているのかなど、気になる部分を見るようにしています。第2章でいろんな素振りやティーバッティングをご紹介していますが、こういったバラエティに飛んだやり方ができるようになったのも、他校の練習を貪欲に学び、吸収してきたからなのです。

私にとっての理想の監督像

大阪の名将を挙げろといわれれば、今は大阪桐蔭の西谷浩一監督と履正社の岡田龍生監督が二大巨頭ということになるでしょう。

かつてはドカベン香川を擁する浪商を率いた広瀬吉治監督、ＰＬ学園の黄金期を築いた中村順司監督（現・名古屋商科大学硬式野球部総監督）など、全国に名を馳せる名将が存在していました。そういった先人たちの活躍があったからこそ、今の私たちがあります。これは本当にありがたいことですし、その流れを絶やすことのないよう、私たちが大阪の高校野球隆盛のためにがんばっていかなければいけないとも感じています。

また、1996年春のセンバツで大阪学院大高校を8強入りさせた永井春夫監督が昨年、藤井寺工科の監督として復帰されました。永井監督は私より10歳ほど年上の大先輩です。そういった先輩が復帰されたというのはうれしい話ですし、私もまだまだがんばらなければと身の引き締まる思いです。

よく「東山監督の理想とする監督はいますか?」という質問をマスコミの方などから受けますが、理想とする監督、あるいは影響を受けた監督さんというのはあまりいません。ただ、今年1月にお亡くなりになった星野仙一さん(中日ドラゴンズ、阪神タイガース、東北楽天ゴールデンイーグルスなどで監督を歴任)は、スタイルとして大いに見習いたい監督さんです。

星野さんは自分の感情を表に出すことで、選手たちの闘争心を見事に引き出していました。トーナメント戦で勝ち上がっていくと、なぜかはわかりませんが私の精神状態がとてもクールになっていきます。昨年の準優勝した時の決勝戦も私はいつも以上にクールでした。あの試合で、私が星野さんのように感情を表に出していれば、選手たちの力をもっと引き出せたのではないかと思ったりもします。

見習いたい監督といえばもうひとり、ID野球を広めた野村克也さんのやり方も、私はとても参考にさせていただいています。データを重視し、ミーティングで徹底的に相手チームのデータを選手に叩き込む。そういったデータ重視のやり方は、これからの野球には絶対に欠かせない部分だと思います。

一番いいのは、星野さんの感情を出す指導と、野村さんの沈着冷静なデータ重視の指導をミックスさせたやり方かもしれません。

また、私の現役時代を通じ、一番影響を受けた監督は誰かと振り返ると、少年野球でお世話になった高槻ライオンズの小峠茂一さんをおいて他にはいません。

小峠監督はあの頃すでに70歳を超えておられましたが、怒ったらとにかく怖く、野球の技術だけでなく、礼儀、挨拶といった社会の中で生きていくための基本を教えていただきました。地域の強豪として他チームから恐れられた高槻ライオンズですが、残念ながら今はもう廃部となっています。

これは私の夢物語ですが、高校野球の指導者を引退したら高槻ライオンズを復活させ、そこで監督をやってみるのもいいな、と思うこともあります。

おわりに　公立校指導者の方々に送るエール

本書で何度もお話ししましたが、私たち大冠高校は1990年、渋谷以来の府立校の甲子園出場を目指し、毎日懸命に練習しています。

最近では、他府県の指導者の方々が「練習を見させてほしい」とわざわざ本校まで見学にいらっしゃいます。私のような公立校の指導者の方もよく来られますが、私は公立関係者が来る度に「一緒に、本気で甲子園を目指しましょう」と伝えています。

かつての私がそうだったように、公立校の指導者は「どうせ強豪私学には勝てっこない」とどこかで諦めてしまっているところがあります。「甲子園出場」を大きな夢として掲げていても、実際に大会となったら「ベスト8入りが目標」とか「目指せ、ベスト4」になってしまう。残念ながらそういった公立校が多いのが、大阪に限らず全国の高校野球界の現状ではないでしょうか。

公立の指導者が諦めてしまう理由は、大きくわけてふたつあると思います。

まずひとつ目は、練習場所がない、施設・設備が整っていない、練習時間が限られているといった「環境的」な問題です。

そしてふたつ目が「選手集め」の違い。私立と公立では、選手層の厚さ、質が当然のことながらまったく異なります。強豪私学には「技術的に優れた選手」が多く入ってきますが、公立校ではそういった振り分けはできません。スタートラインからしてまったく違うわけで、そういった事実を前にして公立校の指導者は「この子らをどんなに上手に育てても、結局甲子園には行けない」と諦めてしまっています。私も昔は「選手たちは体も細いし、バットも振れない」と悲観し、だったらどうしたら勝てるかを考え「守備をがんばって、ロースコアの接戦に持ち込めば、私たちにも勝機があるのではないか」と守備重視の野球に取り組んでいました。しかし、これも今思えばその頃の私は悪い意味での「諦めの境地」にあったように感じます。

でも、私は声を大にして言いたい。

私たち公立校指導者は、絶対に諦めてはいけないのです。

大冠では今、選手たちに「一日最低1000スイング」を課しています。この数を聞いて「そんな無茶な」と言う人もいます。しかし、私が諦めなければ、選手たちも諦めずに続けてくれます。8年前から「打ち勝つ野球」の練習を始め、バットを振る力、体力・体格面において強豪私学に見劣りすることはなくなりました。

監督が諦めてしまえば、そういった心理状態は必ず多感な年頃の選手たちに伝播します。

でも、これは逆のことも言えます。監督が諦めなければ選手たちも諦めません。指導者と選手の間で、そういった部分で気持ちがひとつになれば、チームは少しずついい方向へと変わっていくはずです。

本書をお読みの方の中には、高校野球の指導者の方々もおられるかと思います。私はあと数年したら定年となりますが、20代、30代、40代の監督さんならば、残された時間はまだ20年以上あります。

私は「打ち勝つ野球」を掲げ、8年間で大阪府の決勝戦まで進出することができました。8年でここまで来れたのですから、今若い世代の監督さんたちもがんばって甲子園を目指し続ければ、絶対に強豪私学に勝てるチームが作れるはずです。

そのためにはとにかく「諦めない」「妥協しない」ことが大切です。もちろん、この私も諦めずに、甲子園を目指し続けます。ともに、がんばっていきましょう！

2018年6月

大阪府立大冠高校野球部監督　東山宏司

大阪で打ち勝つ！
超強力打線の作り方

2018年7月13日　初版第一刷発行

著者／東山宏司

発行人／後藤明信
発行所／株式会社竹書房
〒102-0072　東京都千代田区飯田橋2-7-3
☎03-3264-1576（代表）
☎03-3234-6208（編集）
URL　http://www.takeshobo.co.jp

印刷所／共同印刷株式会社

カバー・本文デザイン／轡田昭彦＋坪井朋子
取材協力／大阪府立大冠高校野球部
本文写真／北村泰弘
カバー写真／産経新聞社
編集・構成／萩原晴一郎

編集人／鈴木誠

Printed in Japan 2018

ISBN978-4-8019-1532-9